Gianni Vattimo   Wie werde ich Kommunist

Gianni Vattimo

Wie werde ich Kommunist

Aus dem Italienischen
von Peter O. Chotjewitz

Rotbuch Verlag

Der Rotbuch Verlag dankt dem italienischen Außen-
ministerium für die Übersetzungsförderung dieses Buches.

Die Anmerkungen zum Text stammen vom Übersetzer.

ISBN 978-3-86789-046-5

Deutsche Erstausgabe, 1. Auflage

© 2008 by Rotbuch Verlag, Berlin

Titel der Originalausgabe: »Ecce comu. Come si ri-diventa ciò che si era«

© 2007 by Fazi Editore srl,

vertreten durch die Literarische Agentur Michael Gaeb

Umschlaggestaltung: Maurizio Ceccato

Druck und Bindung: CPI Moravia Books GmbH

Ein Verlagsverzeichnis schicken wir Ihnen gern:

Rotbuch Verlag GmbH

Neue Grünstraße 18

10179 Berlin

Tel. 01805/30 99 99

(0,14 Euro/Min. aus dem deutschen Festnetz,
abweichende Preise für Mobilfunkteilnehmer)

www.rotbuch.de

INHALT

VORWORT

Zukunft der Religion,
Zukunft des Kommunismus

Die Thesen, Meinungen und Positionen, die in diesem Büchlein dargelegt werden, sind das Ergebnis einer politischen Erfahrung, die in gewisser Weise gescheitert ist – jedoch nur in gewisser Weise. Sie hat den Autor zu der Einsicht geführt, dass es darum geht, wieder Kommunist zu werden.[1]

Mein Weg durch die Oppositionen war kurz, wenn man ihn mit der Periode identifiziert, die ich in den Reihen der demokratischen Linken (und mithin in der Fraktion der europäischen Sozialisten) im Europäischen Parlament war. Sehr lang ist er hingegen, fast mein ganzes erwachsenes Leben lang, wenn ich mich auf die Konstante beziehe, der ich stets treu gewesen bin – den »Kathokommunismus«.

Ich weiß nicht, ob gelegentlich eine der beiden Komponenten des Begriffs und des Verhaltens, das ihm entspricht, die Oberhand hatte. Ich muss aber gestehen, dass ich heute dazu neige, das »Katho«, und das heißt die katholische Komponente, durch den allgemeineren Begriff »christlich« zu ersetzen (obwohl wir nie den Ausdruck »Christokommunist« gebraucht haben). Kurz, das, worin ich mich wiedererkennen muss, ist, in Anbetracht dessen, was die katholische Kirche nach den letzten Pontifikaten immer mehr geworden ist, die allgemeinere und umfassendere Qualität des Christenmenschen.

Luther sprach von der Freiheit des Christenmenschen, und er tat es in polemischer Absicht gegen die disziplinarischen und dogmatischen Ansprüche der Kirche seiner Zeit. Dass ich abgeneigt bin, mich einen Lutheraner zu nennen, liegt nur daran, dass ich weiterhin glaube (zu glauben versuche), dass die Bibel und die Tradition die zwei Quellen der Verkündung sind und folglich nicht nur »die Schrift«, von der Luther spricht.

Die Bibel ist mir von der Kirche vermittelt worden – andernfalls hätte ich sie niemals kennengelernt –, jedoch ist die Kirche, die mir die Bibel überliefert, immer weniger eine Kirche der katholischen Hierarchie geworden (die erst 1870 dogmatisch »fehlbar« wurde). Sie wird stattdessen von jener Christengemeinschaft getragen, die in der Art und Weise, wie sie ihre christliche Praxis lebt und entwirft (einschließlich des »unterschwelligen Schismas«, von dem der katholische Philosoph Pietro Prini[2] in einem aufschlussreichen Buch gesprochen hat), immer weiter von den Palästen des Vatikans abweicht.

Vielleicht erkennen wir hierin eines der auffälligsten Zeichen für die Italianität des Buches, das ich heute vorstellen möchte, denn dass die »katholische Frage« vor allem eine italienische Angelegenheit ist, ist offensichtlich, da der Säkularismus und damit der politische Machtanspruch des Klerus auf diesem Land am stärksten lastet.

Da sie es mit der »Spitze eines Eisbergs« zu tun hat, der sehr viel größer und wirkungsvoller ist – wenn man berücksichtigt, wie die Kirche sich inzwischen als Macht darstellt, die in der Lage wäre, den politischen Institutionen, einerlei ob demokratisch oder nicht, die Stirn zu bieten, wennschon nicht, sie zu beeinflussen –, behauptet diese eigentümliche »lutheranische« Haltung (gegen den Papst, aus Liebe zur Kirche) gerade nicht, provinziell und lediglich an eine italienische Perspektive geknüpft zu sein.

Es ist jedoch offensichtlich, dass das Thema dieses Buches hauptsächlich in der wiedergefundenen (oder wiederzufindenden) kommunistischen Hoffnung besteht und darin, dass diese Hoffnung sich nicht nur in Italien mit einer erneuerten Hinwendung zur evangelischen Botschaft oder, allgemeiner gesagt, zur Verkündung der Brüderlichkeit, der wir in allen großen Religionen begegnen, verbünden könnte und müsste.

Es ist nicht unwahrscheinlich, dass die Führer dieser Religionen eines Tages, wenn sie sich wieder einmal in Assisi treffen sollten, um für den Weltfrieden zu beten, nicht einfach nur

die Verbreitung der Gewalt oder, schlimmer noch, den »Sitten-
verfall« beklagen, sondern ihrer Hoffnung auf einen neuen
Kommunismus ihre Stimme leihen werden, der bereits in den
frühen christlichen Gemeinden zum Glauben und zur Praxis
gehört hat.

»Natürlich« ging diese Hoffnung, wie wir mit Überraschung
und Schmerz in der Enzyklika *Deus caritas est* von Papst Benedikt XVI. lesen mussten, verloren, und nie wurde sie nach der
sogenannten »konstantinischen Schenkung«, die aus der kirchlichen Hierarchie, mehr als sie es heute noch ist, eine treue Alli-
ierte der Konservativen machte, wiedergewonnen.

Wenn die Transformation der gesellschaftlichen und ökonomischen Strukturen der Herrschaft in Italien auch und in erster
Linie eine »Konversion« der Kirche erfordert (ich denke da an
die ständigen Einflussnahmen kirchlicher Würdenträger auf die
Wahlen und die Entscheidungen der Parlamentarier, die, auch
wenn sie häufig areligiös sind, doch das Scherbengericht der
Kirche fürchten), so ist doch hinreichend wahrscheinlich, dass
dies – wenn auch nicht ganz so unmittelbar – für die gesamte
westliche Welt gilt, wo die kapitalistische Ordnung weiterhin die
Vogelscheuche des kommunistischen Atheismus dazu benutzt,
ihre Macht und sämtliche Ungleichheiten, die diese mit sich
bringt, zu verteidigen.

Die moralische Mehrheit, die der Macht des amerikanischen
Konservativismus zugrunde liegt, umfasst mit Sicherheit auch
viele katholische Gläubige, und das heißt eine Menge gläubiger
Christen, die, dank ihrer kirchlichen Anführer, einer insgesamt
unchristlichen Vision von Geschichte und Gesellschaft huldigen.
Ganz zu schweigen vom religiösen Faktor im sogenannten *clash
of civilizations*, der immer häufiger als bloße ideologische Mas-
ke des Kampfes um die Verteidigung der kapitalistischen Herrschaft über die Ressourcen des Planeten beschworen wird.

Ich glaube nicht an eine Zukunft der Religionen, wenn der
Kommunismus keine Zukunft erhält. Ich habe dies nie mit dieser Klarheit bedacht und gesagt, aber ich bin zu dieser Einsicht
infolge von Erfahrungen gelangt, die nicht nur individueller Natur sind, sondern von weiten Kreisen geteilt werden, wenngleich

oftmals nur implizit. Wenn also die folgenden Seiten in erster Linie als politischer Diskurs gelesen werden wollen und nicht als Manifest einer religiösen Revolution, so hoffe ich doch, dass man nie vergessen möge, welches Gewicht die beständige und unleugbare »kathokommunistische« Orientierung des Verfassers bei der Bestimmung ihrer Inhalte gehabt hat.

Januar 2007

ERSTER TEIL

Ein langer Marsch durch die Oppositionen

Ich publiziere nachstehend einige Artikel als »Spur« des »kurzen Marsches« während meiner Zeit im Europäischen Parlament. Ich betrachte sie als Entwicklungsschritte auf dem Weg zu den Positionen, die ich mit der folgenden Schrift erreicht habe.

Die europäische Illusion

Vor allem Europa. Sowohl vor der Kandidatur für das Europäische Parlament als auch während der ersten Zeit der Legislaturperiode glaubte ich fest an die Europäische Union. Die Gründe, warum sie mir geeignet erschien, als realistisches Programm der Linken zu funktionieren, kommen in einem Artikel zum Ausdruck, den ich im Januar 2002 für die Unità *verfasste. Auch sie eine Tageszeitung, der ich damals Glauben schenkte.*

Sozialismus oder Europa. Lassen wir uns von einem berühmten Titel des Dichters Novalis inspirieren, wo anstelle des Sozialismus das Wort »Christenheit« stand, und Gott allein weiß, wie die Begriffe miteinander verwandt sind. Der Bezug, der sich daraus entwickeln lässt, wird dank der Politik der Nichtpolitik der Regierung Berlusconi[3] immer deutlicher. So deutlich, dass sich die europäische Idee als Ersatz, vielleicht sogar als einzig tauglicher Ersatz, für das marxistische Projekt, eine zivile Gesellschaft aufzubauen, erweist.

Man wird darauf hinweisen, dass die zwei Projekte sich auf unterschiedlichen Ebenen philosophischer Verallgemeinerung befinden, und das stimmt. Wenn man indessen die europäische Idee so denkt, wie sie gedacht werden muss, nämlich ohne jedwede ethnische und »natürliche« Zielsetzung – wie es bei der Entstehung der Nationalstaaten des 19. Jahrhunderts der Fall war: ein Italien »der Waffen, der Sprache, des Altars, der Erinnerungen, des Blutes und des Bodens«, auf das sich heute nur Bossi[4] und seine Padanier berufen –, so ergibt sich daraus ein politisch bedeutsames Programm, das mit gutem Recht eine emanzipatorische Tragfähigkeit beanspruchen kann, die der des inzwischen hinfälligen Marxismus vergleichbar wäre.

Es ist deshalb kein Zufall, dass das Projekt Europa in Italien heutzutage ein Anliegen der Linken ist, nachdem es lange Zeit ein Thema der vom Liberalismus und Christentum inspirierten

politischen Bewegungen war, die beide gemeinsam mehr als je
zuvor die Politik als eine ethische Unternehmung mit dem Ziel
des menschlichen Fortschritts betrachten.

Der von der Last der sowjetischen Traditionen befreite Sozialismus, die liberale Demokratie und das politisch engagierte
Christentum stehen sich so nahe wie nie zuvor, was man vor allem
an den europäischen Institutionen ablesen kann, in denen die
Erwartungen weniger spürbar sind, die von den Anhänger-
schaften der überkommenen nationalstaatlichen Parteien ausgehen.

Mancher wird nun befürchten, der Kathokommunismus
könnte neue Grenzen ziehen. Warum nicht, wenn zwischenzeit-
lich das ethische Engagement der Christen wie der Sozialisten
durch völlige Hereinnahme der liberalen Demokratie von jedwe-
dem Fundamentalismus gereinigt wurde?

Das marxistische Erbe, auf das die Sozialisten nicht verzichten sollten, wurde gerade von den Volksdemokratien sowje-
tischer Spielart am meisten verraten. Die politische Ökonomie
ist keine Naturwissenschaft und rechtfertigt deshalb keine rigide
Wirtschaftsplanung, auch wenn sie sich wissenschaftlich nennt.
Was aber von der Idee des Marxismus bleibt – außer dem unvermeidlichen Voluntarismus, der jedem politischen Entwurf inne-
wohnt –, ist vor allem das Wissen, dass das, was in menschlicher
und ethischer Hinsicht getan werden muss, nicht in irgendeiner
»natürlichen« Wesenhaftigkeit besteht. Es besteht vielmehr in
der Übernahme der vollen Verantwortung für begründete und
vermittelbare Entscheidungen.

Der Wert der europäischen Idee besteht ganz und gar in ihrer
»Künstlichkeit« und realisiert sich in demokratischer Art und
Weise. Die nationalen und imperialen Vereinigungen der Vergangenheit wurden stets von Dynastien und Heerführern durch
gewaltsame Eroberungen herbeigeführt. Das ist zum ersten Mal
in der Geschichte nicht der Fall.

Die Herleitung dieser Behauptung kann schwerlich in Kürze
zusammengefasst werden, doch kann man sie immerhin andeu-
ten. Ihre Verallgemeinerung darf uns nicht erschrecken, da es
sich darum handelt, die Grundlagen für eine linke Philosophie

und Politik zu entwickeln. Selbst die Nähe von Christentum und Sozialismus, die aus rhetorischen oder sogar polemischen Gründen (Nietzsche) oft karikiert und übertrieben wurde, kann hier hilfreich sein.

Der Sozialismus – oder das, was von ihm bleibt – ist, wie die christliche Botschaft, radikal unnatürlich. Nur als Unnatürlichkeit ist die marxistische Prophezeiung und Hoffnung auf eine Revolte des schwachen Proletariats gegen die starke Herrschaft begreiflich.

Außerdem und noch sehr viel banaler: Wenn man nach dem kleinsten gemeinsamen Nenner der politischen Ziele der Rechten fragt, stellt man fest, dass sie die »natürlichen« Unterschiede verherrlicht und sie als Motor der Emanzipation propagiert: die sozialen Kräfte freisetzen, alle Fesseln der freien Konkurrenz beseitigen, bis tief hinunter zu den rassistischen Implikationen.

Ganz zu schweigen von den diversen Formen der autoritären sozialen und klerikalen Unterdrückung, die ebenfalls nur vorgeben, eine korrekte Kenntnis der wahren Natur der Menschen und der Dinge zu besitzen. Päpste und Zentralkomitees dekretieren im Namen von Gesetzen und natürlichen Gegebenheiten, die weder dem einfachen Gläubigen noch dem »empirischen« Proletariat einleuchten.

Ist es nicht eine stets gültige marxistische und somit sozialistische Erbschaft, dass wir fähig sind, den ideologischen Charakter all dieser vorgeblichen »Wahrheiten«, auf die jedweder Autoritarismus sich stützt, ins rechte Licht zu rücken?

Das, was sich den falschen ideologischen Gewissheiten entzieht, ist nur das, was einer freien Diskussion und Verhandelbarkeit vorgeschlagen wird und nur ihr unterworfen sein sollte – freilich nicht zum Zweck einer endgültig begründeten Beweisführung, sondern um zu einem Konsens zu gelangen, der die Kontrahenten ernstlich (und erheblich ernsthafter als irgendein »ewiges Gesetz«) gegenseitig verpflichtet.

Ein Europa, das sich als Projekt des politischen Aufbaus vor allem auf die freiwillige Zugehörigkeit stützt – der Staaten gleicher Rechte und ihrer Bürger –, ist heute die konkreteste und sichtbarste Manifestation einer antinaturalistischen Politik, und das heißt: »marxistisch«, christlich und sozialistisch. Als solches kann es für sich beanspruchen, ein politisches Ideal zu verwirklichen, das in der Lage ist, auch emotional akzeptiert zu werden.

Alles andere kommt später und bedarf nicht einmal besonderer Verhandlungskünste. Vor allem deswegen: Die Euroskeptiker unterliegen deutlich einer naturalistischen Vorstellung von Geschichte und Politik. Das Europa der Vaterländer und Nationen ist das Europa derjenigen, die auf den übertriebenen Kult der eigenen Wurzeln, Abstammungen und Regionalsprachen nicht verzichten wollen und die Tatsache verkennen, dass dieselben nationalen und regionalen Identitäten, auf die sie so stolz sind, geschichtlich durch die Auflösung früherer Zugehörigkeiten und Identitäten, die »natürlicher« waren, entstanden sind.

Die europäischen Katholiken, die die ausdrückliche Erwähnung der Religion oder des Christentums im Katalog der Grundrechte verlangen und behaupten, es gebe eine natürliche Veranlagung der Menschen für die Religion, verkennen, dass das Christentum uns gelehrt hat, dass die Naturreligionen ein hochmütiger Götzendienst sind.

Europa als bloße Zone freier Märkte, ohne staatliche Bindungen, wäre ein Europa des Kampfes der Starken gegen die Schwachen, das sich nicht einmal jenen bürokratischen Regeln unterwirft, die eine gewisse sportive Gleichheit der Anfangschancen garantieren.

Man könnte, dem System und der Polemik zuliebe, noch weitergehen und einen naturalistischen »Idealtypus« entwickeln, und zwar aus den diversen antieuropäischen Positionen, die in dem Maße immer offener hervortreten, wie – infolge der Einführung des Euro und der Erweiterungen der EU – es immer dringlicher wird, zwischen den verschiedenen denkbaren Modellen für die EU zu entscheiden. Freilich würde auch unser Idealtypus, wie alle Weber'schen[5] Gedankenbilder, viele »Unschärfen« aufweisen.

Was hingegen klarer zu sein scheint, ist der eingangs angedeutete Zusammenhang, dass nämlich ein heutiges sozialistisches oder linkes Programm sich mit dem Programm der europäischen Vereinigung identifizieren kann und muss. In diesem Programm konkretisieren sich die Werte, deren Sachwalter noch immer die Linke und der Sozialismus sind. In ihm erscheinen sie praktisch durchsetzbar.

Die Themen der sozialen, politischen und bürgerlichen Rechte, die sich in den verschiedenen Ländern auf unterschiedlichen Ebenen der Entwicklung befinden, können nur im Erscheinungsbild einer gemeinsamen europäischen Gesetzgebung behandelt werden und haben nur dort Aussicht auf Garantien. Wir denken dabei nicht nur an die Länder in der Union, sondern auch an die Kandidaten, die oftmals tragische Erfahrungen mit dem autoritären Sozialismus gemacht haben.

Es wird immer deutlicher, wie wichtig der europäische Horizont ist, um eine Wirtschaft zu entwickeln, die in der Lage ist, die Hegemonie der Vereinigten Staaten zu überwinden und ein gesellschaftliches Modell zu entwickeln, das die Solidarität zwischen den Klassen und Generationen achtet. Mit dem Euro als einer wirklichen Währung sind wir heute auf dem Weg zur Schaffung einer kontinentalen Wirtschaftsmacht.

Öffentliche Sicherheit, wirkungsvolle Justiz, allgemeine Lebensqualität in allen Mitgliedsstaaten auch in ökologischer Hinsicht, Zugang zu Arzneimitteln, Schutz der Privatsphäre in einer Welt der Medien – all das sind unersetzliche Voraussetzungen der Freiheit, und die erlangen wir nur im Rahmen einer offenen europäischen Integration.

»Sozialismus« und »Europa« sind Synonyme, über die nachzudenken sich lohnt – mit dem Zusatz: Die berechtigte Angst vor dem imperialistischen Charakter der Globalisierung und die Sorge, dass die imperialistischen Kräfte in den USA sich in einer nicht länger bipolaren Welt in immer ausgedehntere Präventivkriege zur definitiven Beseitigung des »Terrorismus« stürzen, müssen ihren politischen Ausdruck finden, und zwar in einer starken Europäischen Union statt in Gewalt auf der Straße und in gefühlvollen päpstlichen Ermahnungen. Dies auch in Erinnerung an politische Traditionen, die sich an Werten wie Gleichheit und Solidarität orientieren. Sie versprechen als Einzige eine nicht komplett militarisierte Zukunft, die nicht lebenswert wäre.

Januar 2002

Europa – dritter Weg?

Der zweite Aufsatz zum Thema Europa ist nicht zufällig nicht in der Unità *erschienen. Im März 2004 war die* Unità *schon bereit, die Richtung zu ändern, was dann Ende 2004 bis Frühjahr 2005 vollzogen wurde. Da war meine Trennung von der DS[6] schon erfolgt. Mein Aufsatz enthält noch einmal den Aufruf an die Wählerschaft, bei den bevorstehenden Europa-Wahlen, die im Juni stattfinden sollten, nicht die Parteien zu wählen, die proamerikanisch orientiert waren. Damit wurde die These bestritten, dass es keinen dritten Weg gebe zwischen der Politik der USA und dem »internationalen Terrorismus«.*

Der Ausgang der Europa-Wahlen bestätigte meine Position jedoch nicht, da auch die sogenannte Linke in Italien in die politische Mitte rückte und sich rückhaltlos zu »westlichen« Positionen bekannte.

Selbst Prodi[7] setzte sich mehrfach dafür ein, in Europa eine gemäßigte Kraft zu schaffen, die sich mit Bayrou[8] verbünden sollte – was die heutige DS gern vergessen machen möchte, um das Olivenbündnis nicht zu gefährden. Die Minipartei von Bayrou gehörte damals zur Mehrheit von Chirac. Ihre Europa-Abgeordneten weigerten sich, der Fraktion der liberalen Demokraten (zu der Rutelli[9] und Genossen gehörten) beizutreten, da sie ihnen zu laizistisch war.

Die Hoffnung, über »Sozialismus oder Europa« zu reden (so lautete der Titel des Aufsatzes), verblasste immer stärker.

Und wenn das Risiko des Appeasements – das Phantom eines neuen Münchener Abkommens –, das uns stets vorgegaukelt wird, sobald wir gegen den Krieg im Irak demonstrieren, ernst zu nehmen wäre, jedoch die Begriffe in substanzieller Weise umgedeutet werden müssten?

Wenn der hegemoniale Machtanspruch, dem wir uns nicht unterwerfen dürfen, um den Frieden und die Demokratie in der

Welt nicht zu gefährden, gerade vom Neoimperialismus der USA ausginge?

Lesen wir zum Beispiel den Artikel eines wichtigen Exponenten der liberalen DS, Franco Debenedetti[10], in der *Stampa* vom 23. März[11] mit dem Titel »Es gibt keine dritten Wege«, dann hat das nur eine Konsequenz, zu der wir mit hinreichender Logik gelangen. Wenn es stimmt, dass es keinen dritten Weg gibt – weder, was die kapitalistische Ordnung im Innern betrifft, noch auf der Ebene der internationalen Beziehungen –, dann stehen wir auf der Seite der Feinde der westlichen Zivilisation.

Gewiss, der Titel des Artikels Debenedettis wird in Zukunft wahrscheinlich – oder besser: hoffentlich – anders dekliniert werden: Zwischen der Politik Bushs und ihrer symmetrischen Entsprechung, dem Terrorismus, wird es schon in naher Zukunft keinen dritten Weg mehr geben. Wenn es so weitergeht wie bisher, wird jede fortschrittliche oppositionelle Kraft zwischen Scharon und den Palästinensern wählen müssen, zwischen der zuchtgewohnten Gesellschaft, die von Bush oder wem auch immer beherrscht wird, und der gewaltigen Masse des weltweiten Subproletariats, das weiter verarmt und in seinen sozialen, geografischen und sanitären Reservaten vegetiert (Flüchtlingslager oder Lazarette für Leute, die an Wassermangel sterben, an Aids erkrankt sind, unter Auszehrung oder Malaria leiden …).

Wer nicht in die Dritte Welt abrutscht – entsprechend einer beliebten Drohung der Theoretiker der trockenen Alternative – und sich nicht der Disziplin der belagerten Festung fügen will (wo jede Lebensäußerung von einer immer strengeren Militarisierung begrenzt sein wird), muss die Partei der »anderen« ergreifen. Der Vorwurf, der heute den Pazifisten gemacht wird, sie spielten das Spiel der Terroristen, wird dadurch ein begründeter Vorwurf.

Habe ich ein zu düsteres Bild gemalt? Es ist düster, jedoch nur, wenn wir die These von der Inexistenz eines dritten Weges für unwiderleglich halten, die derzeit propagiert wird, um den Westen zusammenzuschweißen, so als ob alle, die auf dieser Seite der »Mauer« leben – jener imaginären, die uns von den »Schurkenstaaten« trennt, und jener realen, die Scharon momentan in

Palästina erbauen lässt –, sich als bedrohte Amerikaner fühlen würden.

Würde man der These ernstlich folgen, wäre sie schon bald eine sich selbst erfüllende Prophezeiung.

Was die düsteren Bilder betrifft: Was bedeutet der Bericht des Pentagons, der Krieg um die wichtigsten Ressourcen des Lebens auf der Erde – Luft und Wasser vor allem – stehe unmittelbar bevor, und der Westen müsse sich rasch darauf vorbereiten?

Die Politik von George Bush zeigt alle Merkmale einer riesigen Pleite, wenn man die bevorstehenden Ereignisse betrachtet – der Irak weder befriedet noch »demokratisiert«, Afghanistan steht noch schlimmer da, der palästinensische Konflikt ist unlösbar wie eh und je. Seine Politik ist nur erklärlich, wenn man sie vor dem apokalyptischen Hintergrund sieht, den er selbst herbeizuführen hilft.

Die USA bereiten sich auf den Krieg vor, der mit dem Ende der marxistischen Ideologie vom Horizont verschwunden zu sein schien, und sie treffen ihre Vorbereitungen vor unseren Augen und mit unserer Unterstützung. Auch in den reichen Gegenden des Planeten wächst die Proletarisierung. Der Kampf zwischen Herren und Sklaven dürfte nicht mehr auf nur einem Schlachtfeld ausgetragen werden – zwischen den Schutzbefohlenen im »Innern« und den »Ausgeschlossenen« außerhalb der Mauer.

Der Widerspruch zwischen Herren und Sklaven im Inneren der Festung wird immer markanter. Die Unterworfenen sind aufgefordert, im Namen der Nichtexistenz dritter Wege, sich als vollwertige Glieder der Welt, in der sie leben, zu fühlen. Mit ihren Herren sollen sie sich massenmedial und politisch identifizieren und bereit sein, mit allen Mitteln deren »demokratische« Ordnung zu verteidigen.

Was sich draußen herumtreibt, hört auf den Namen »Terroristen«. Sie sind Feinde – und Schluss. Feinde »unseres« Wohlstands, unserer »Zivilisation«, der wahren Menschlichkeit.

Wenn wir nun aber endlich zur Kenntnis nehmen würden, wie viele Revolutionen und Widerstandsbewegungen in der Vergangenheit mit »terroristischen« Aktionen begonnen haben?

Wenn wir uns ferner daran erinnern würden, dass die Deutschen während der Besatzungszeit die italienischen Partisanen »Banditen« nannten? Das war damals eine unmögliche Verwechslung der Begriffe, denn es gibt einen deutlichen Unterschied zwischen denen, die gezwungen sind, einen Krieg zu führen, und jenen, die einen ungerechtfertigten gewalttätigen Nihilismus praktizieren, als stünden sie unter dem Einfluss von Drogen.

Das Wort »Terrorismus« zu gebrauchen bedeutet, sich dem Begriff von Geschichte zu unterwerfen, den das Pentagon zum Eigengebrauch verbreitet. Noch unschärfer ist nur der Begriff »internationaler Terrorismus«.

Und letztendlich: Es gibt noch einen dritten Weg.

Europa kann und muss langsam begreifen, dass seine Zukunft und die Zukunft der Demokratie in der ganzen Welt voraussetzt, dass es einen dritten Weg beschreitet und sich an die Spitze aller nicht alliierten Staaten (angefangen bei Brasilien) setzt, um der terroristischen Teilung der Welt, an der die USA und ihre Verbündeten arbeiten, entgegenzuwirken.

Eine solche Entscheidung würde freilich wesentliche Veränderungen in der Wirtschaftspolitik der Union voraussetzen, wie zum Beispiel eine Abkehr von ihrer protektionistischen Agrarpolitik, die die Produktion in vielen Ländern abwürgt. Das ist nur ein Beispiel dafür, wie die Europäer sich eine Politik der Herabsetzung ihrer eigenen Ansprüche vorzustellen hätten, um dadurch eine friedlichere Zukunft aufzubauen. Sie würden dadurch zugleich die Bedingungen ihres ökonomischen wie auch kulturellen Daseins verteidigen.

Mag sein, dass unsere »Regierungslinke« findet, dass eine solche Neuorientierung wenig realistisch sei. Gerade in Wahlzeiten muss stets von »Wachstum« geredet werden (und das bedeutet Konkurrenz und Marktfreiheit auf Kosten der Schwachen). Aber man könnte wenigstens versuchen, all das nicht zu vergessen.

März 2004

Das Imperium, die Multitude, die Institutionen

Zu meinem Marsch durch die Oppositionen gehört auch die Aufmerksamkeit, die ich dem berühmten Empire von Toni Negri und Michael Hardt gewidmet habe. Ich publiziere hier den Diskussionsbeitrag, der 2002 für die Stampa geschrieben wurde. Er ist, wie man feststellen wird, noch von einem gewissen Vertrauen in die Institutionen gezeichnet und richtet sich gegen die etwas mythologischen Hoffnungen in die »Multitude«. Die kleine Reflexion über das Werk Negris gehört auch deshalb zu den Etappen meiner Rückkehr zum Kommunismus, weil sie eine Gegenposition zu der meinigen aufzeigt. Das soll heißen, dass ich mich für einen Gesprächspartner halte, mit dem ein Dialog weiterhin möglich ist.

In seinem letzten Interview, das Toni Negri, der sich nach Paris geflüchtet hatte, vor etlichen Jahren dem italienischen Fernsehen gab, bevor er nach Italien zurückkehrte, um sich der Justiz zu stellen, stand gut sichtbar im Regal hinter seinem Rücken ein (leider posthum erschienenes) Buch des französisch-deutsch-amerikanischen Philosophen Reiner Schürmann mit dem Titel *Des Hégémonies brisées* – »Zerbrochene Hegemonien«[12]. Es fiel mir auf, da Schürmann mein Freund war und weil es ein (nicht zufälliger) interessanter Fingerzeig war, um die Positionen Negris zu verstehen. Sie waren, soweit ich mich erinnerte, in dogmatischer Weise marxistisch, wenn er den Marxismus auch sehr persönlich interpretierte.

Die Sendung fiel mir wieder ein, als ich sein berühmtes *Empire* las – eine Gemeinschaftsarbeit Negris mit dem amerikanischen Philosophen Michael Hardt, die weltweit, auch von nordamerikanischen Universitäten, begrüßt wurde als Manifest einer neuen (anti)globalen Protestbewegung.

Auch wenn Schürmann in dem Buch kaum erwähnt wird, so zögere ich doch nicht, anzunehmen, dass er einer der Autoren ist, die Negri und Hardt inspiriert haben, denn seine Schrift handelt von der gegenwärtigen Epoche, in der alle Hegemonien und die sie stützenden Metaphysiken zerbrochen sind.

Das Imperium, von dem Negri und Hardt sprechen, ist die globalisierte Welt, in der alle lokalen und nationalen Souveränitäten, mit allem, was sie an Verfassungsmäßigem, aber auch an Liberalem und Demokratischem mit sich führen, durch ein System von integrierten Mechanismen ersetzt worden sind, die lediglich dem anonymen, wenn auch totalitären Gesetz der Märkte folgen.

Die Behörden der Nationalstaaten sind diesem System gegenüber machtlos, und so wählen die Bürger, zumindest in den demokratischen Staaten, inzwischen Regierungen, die gegenüber der globalen Macht kein Gewicht mehr haben.

Der Begriff »Empire« als Titel der Arbeit unterstreicht zusätzlich den übernationalen Charakter dieser Macht sowie ihre Art, sich als Ordnung zu präsentieren, die durch eine Art universelles Recht legitimiert ist – und das ist auch der Grund, warum der Eindruck entsteht, sie sei nicht im Interesse irgendwelcher Subjekte oder eines Souveräns erschaffen worden.

In diese Repräsentation des Empires fließen auch etliche Analysen von Michel Foucault ein. Er sprach von der modernen und spätmodernen Macht als einer zwingenden Kraft, die sich in den Kapillargefäßen der Gesellschaft ausbreitet und der sich alle unterwerfen, weil sie in vieler Hinsicht mit ihr einverstanden sind. Dies in erster Linie durch Anpassung des imaginären Kollektivs an die Lebensentwürfe, die vom Meinungsmarkt und der Werbung verbreitet werden – an das also, was Adorno (auch er ein Bezugspunkt) dem Warenfetischismus zuordnete.

Das heißt, wenngleich die Analysen von Negri und Hardt oft unnötig und nebelhaft sind, ist durchaus einsichtig, dass hier nur die Bedingungen der gegenwärtigen Gesellschaften, die auch als postfordistisch bezeichnet werden, gemeint sind – Gesellschaften also, in denen die Proletarier nicht mehr die Fabrikarbeiter sind, von denen der Marxismus ausging, da sie eine Minderheit der Arbeitskräfte geworden sind. Proletariat ist vielmehr die Masse der Menschen geworden, die Aufgaben erfüllen, die schwierig zu klassifizieren sind. Ihre Arbeitsmodelle sind variabel, flexibel und erfordern nicht mehr die Erlernung eines Berufes, noch erlauben sie dies überhaupt; so, wie sie (dank ihrer Flexibilität) auch keine Klassenzugehörigkeit mehr entwickeln.

Der kapillaren, aber auch unpersönlichen Herrschaft des globalisierten Marktes steht also die ebenfalls anonyme Subjektivität von Personen gegenüber, die in einem imaginären Kollektiv untergetaucht sind. Die ihnen gemeinsame Affektivität entspricht stets dem, was die globalisierte Herrschaft ihnen auferlegt und abverlangt.

Man kann es folgendermaßen interpretieren: Die autoritären Herrschaftssysteme der Moderne gründeten sich noch auf eine Unterordnung, die von bestimmten Machtzentren gefordert wurde (der Staat, der Grundherr). Die Macht des Empires identifiziert sich mit den Gefühlen und der imaginären Spontaneität aller.

Man kann häufig in diversen Situationen den Widerspruch feststellen, dass jugendliche Gegner der Globalisierung bei McDonald's essen, Schuhe, T-Shirts und angesagte Jeans tragen, Musik und Filme aus den USA konsumieren. Sie sind also tatkräftige Unterstützer und Produkt der Macht, gegen die sie protestieren.

Und hat die Mehrheit der Italiener nicht etwa den reichsten Unternehmer des Landes zum Ministerpräsidenten[13] gewählt, weil sie sich ihm gleich fühlten und spontan seine Ideale und Verhaltensmuster teilten, ohne ihn im Geringsten als ihren »Herren« sich vorzustellen?

Und die Hegemonie? Vielleicht kann man das Buch von Negri und Hardt besser verstehen, wenn man den roten Faden von Schürmann aufgreift und es mit dem Begriff der Hegemonie konfrontiert, die ein Gedanke von Gramsci ist, wie man in dem schönen Buch von Giuseppe Bedeschi[14] über die politische Ideengeschichte des 20. Jahrhunderts in Italien nachlesen kann.

In einer so komplexen Gesellschaft wie der italienischen (schon in der ersten Hälfte des 20. Jahrhunderts) ist es unvorstellbar, die Macht durch einen gewaltsamen Akt zu ergreifen wie Lenin in Russland. Man muss eine Kultur schaffen, die auf

Egalität ausgerichtet ist, und Konsens erzeugen. Auf dieses Konzept Gramscis, das ich hier vereinfachen muss, stützt sich der demokratische Weg der italienischen Kommunisten seit Togliatti. Gramsci selbst hätte damit, wenn er lange genug gelebt hätte, die Zwangsläufigkeit des Scheiterns des sowjetischen Regimes seiner leninistischen Wurzeln wegen erklärt.

Konsens und kulturelle Hegemonie äußern sich (auch) in Wahlprogrammen. Der politische Kampf ist ein Kulturkampf – ein Wettstreit der weltweiten Visionen, um die vorherrschende gesellschaftliche Zielrichtung zu bestimmen.

Wenn nun aber die Massen im Buch von Negri und Hardt gleichzeitig die Geschöpfe und die Schöpfer des Imperiums sind – insoweit, als sie seine Regeln »spontan« teilen –, kann man dann noch von Hegemonie sprechen oder gar von kultureller Hegemonie?

In vielerlei Hinsicht scheint das möglich zu sein, da der Konsens in diesem System nicht das Ergebnis einer externen Unterdrückung ist. Die Akzeptanz der Gesetze des Imperiums wird nicht mit Gewalt erzwungen. Und im Grunde war der Gedanke der Hegemonie, wie Bedeschi anmerkt, stets der Traum von einem sozialen Organismus, in dem der Wille des Einzelnen sich ohne Rest und Mühe im Willen aller erkennt, so wie im Bild, das die Romantiker sich von der griechischen Stadt und ihrer ethischen Schönheit ohne Konflikte machten. Eine ähnliche Gesellschaft erhoffte man sich, wenn – im Zustand des Kommunismus – der Staat absterben würde.

Dieser Traum von einer ethischen Gesellschaft dominiert im Übrigen, wenn auch auf andere Weise, das zeitgenössische Gejammer über den Verfall der »Werte«: Die Probleme unserer Gesellschaft ergäben sich aus dem Fehlen spontan geteilter Werte und der Unmöglichkeit, die sozial immanenten anarchistischen Tendenzen zu stoppen.

Die Paradoxie und das Spannende am Imperium von Negri und Hardt besteht in folgender Tatsache: Einerseits sollen sämtliche Hegemonien – die Staatsmächte und die verschiedenen Kulturen – zugunsten einer Globalität der Mentalitäten untergegangen sein und sogar die menschlichen Gefühle vom weltwei-

ten Markt bestimmt werden. Andererseits können sie sich eine
Emanzipation auf der Basis organischer Modelle vorstellen. An
die Stelle des Marx'schen Industrieproletariats setzen Negri und
Hardt die rebellierende »Multitude«, die sie sogar mit dem Früh-
christentum vergleichen, das nach ihrer Ansicht den Untergang
des römischen Imperiums bewirkte oder wesentlich zu seinem
Untergang beitrug.

Das Vertrauen in die »gute« Kraft der Multitude, die in solchen Vergleichen aufscheint, wird begleitet von einer heftigen
Polemik gegen alle Formen der Repräsentation und vor allem
gegen jedes staatliche Konstrukt, jede Verfassung und juristische
Struktur. Wir ersehen daraus, dass die alte Sehnsucht nach der
schönen Moralität, nach einer organischen Gesellschaft und Hegemonie aus dem politisch-philosophischen Wunschbild Negris
noch immer nicht verschwunden ist.

Natürlich stehen wir alle vor dem Problem, das sich hier
offenbart: Wir versuchen unter den Bedingungen der Globalisierung eine neue freie Gesellschaft zu denken, die nicht nur
ökonomisch ist, sondern unsere Gedanken, Gefühle, Wünsche,
Träume zutiefst miteinbezieht. Der originellste Beitrag, den
dieses Buch leistet, ist deshalb vielleicht die Analyse dieser Aspekte der Globalisierung. Wenig hilfreich ist hingegen der neue
Mythos, der hier konstruiert wird. Er ist ein wenig abstrakt und
ein wenig geschmäcklerisch. Guido Viale[15] spricht in dem Zusammenhang von »D'Annunzianischem Marxismus«[16]

Anstatt das Ende aller Hegemonien tatsächlich zur Kenntnis
zu nehmen, machen die Autoren sich auf die Suche nach neuen
gefährlichen Erlöserfiguren weltweit.

September 2002

Bevorstehende Kriege

Während ich über die Chancen der Multitude nachdachte, der Negri die Aufgabe zuweist, das Imperium zu besiegen, tobte die Diskussion über Religionskriege und Selbstmordattentate, die oftmals mit Idealen oder mit der Hingabe an Gott und seine Gebote bemäntelt werden – eine Diskussion, die weitergehen dürfte.

Da nun aber die Revolution auch in Zukunft keine Einladung zum Abendessen sein wird, wie der »Große Vorsitzende« Mao zu sagen pflegte, sondern eine gewaltige, wenngleich nicht unbedingt blutige Sache, scheint mir, dass wir auch die drängende Sorge um den Wert des Lebens immer und in jedem Fall in der Diskussion halten müssen. Ich denke schon immer, und auch heute noch, dass die einzigen Kriege, die zu führen sich lohnt, die Religionskriege sind.

Und wenn es stimmt, dass die einzigen Kriege, die zu führen sich lohnt, tatsächlich jene verabscheuten »Religionskriege« wären, das heißt jene Zivilisationskonflikte, die, wie es scheint, uns auch in Zukunft bedrohen werden? Oder, um es weniger unpopulär auszudrücken: Was wäre, wenn es stimmte, dass Ideen tatsächlich das Einzige sind, wofür es sich lohnt, den Tod in Kauf zu nehmen und das Leben aufs Spiel zu setzen?

Der Begriff »Religionskrieg« ist verletzend und abstoßend. Er scheint ein Synonym für Fanatismus zu sein. Er ist vor allem eine substanziell gegen die Gottheit gerichtete Blasphemie.

Ja, aber waren dann auch die christlichen Märtyrer, die sich den Löwen zum Fraß vorwerfen ließen, um nicht ihren Glauben zu verraten, lediglich Dickschädel, die ihre Überzeugungen und auch ihre verbogenen Vorstellungen von Gottesdienst der Heiligkeit des Lebens entgegenhielten?

Das gilt auch für diejenigen, die starben, um eine Berufung nicht zu verraten, eine politische Idee, den Traum einer Überfülle, der ihnen mehr wert war als das Überleben, auch wenn sie vielleicht nicht einmal an ein Leben nach dem Tod glaubten. Die Faszination und die Rührung, die ein Film wie Polanskis *Der Pianist* auslöst, beruht vielleicht auf einer Botschaft derselben Art: Er hat der Angst vor dem Tod widerstanden, weil er einer Berufung folgte.

Es mögen die Ideale, für die jemand sich opfert, sich wandeln im Lauf der Zeit. Was bleibt, ist eine radikale Differenz, die Hegel für die Philosophie aus dem Verhältnis zwischen Knecht und Herr hergeleitet hat. Der Knecht befreit sich aus der Sklaverei nur dann, wenn er den Mut hat, im Kampf um Befreiung sein Leben in die Waagschale zu legen. Wenn er dann im Kampf nicht stirbt, ändert sich sein Leben. Er wird ein freier Mensch.

Es scheint so, als gebe es nur eine Art, die Welt in Würde zu bestehen, auch wenn der Kampf nicht in den tödlichen Zusammenstoß führt. Sie liegt in der Bereitschaft zum »Martyrium«. Der lebt wirklich glücklich, der sein Leben, seine Zeit, seine hauptsächlichen Sorgen nicht damit zubringt, den vielen falschen Gottheiten zu opfern, die ihm von den Banalitäten des Alltags und den falschen Ideologien vorgeschlagen werden.

Was uns an den Religionskriegen schreckt, ist vor allem eines: Sie demaskieren die Anforderungen der Religion und zeigen: Religionskriege folgen einfach nur Gesetzen, die dazu dienen, ökonomische Interessen zu verteidigen, die sich noch dazu oftmals von den unsrigen unterscheiden. Es ist sehr gut möglich, dass der sogenannte heilige Krieg der islamischen Extremisten gegen den Westen in Wahrheit nur ein Kampf um Vorherrschaft ist – um territoriale, ökonomische Suprematie, um Erdöl und mithin große Ländereien –, der sich, um die Massen mitzureißen, als Religionskrieg maskiert.

Wir leben nicht im Islam, also wissen wir nicht, ob es so ist. Wir wissen hingegen, dass »unser« Krieg der Zivilisation oder der Religion gegen den »Terrorismus« ein ganz und gar säkularer Krieg zum Zweck der Landnahme ist. Dass er unter den Begriff »Terrorismus« subsumiert wird, dient dazu, das Erfordernis einer einheitlichen Kriegführung zu unterstützen. Wir im Westen können aus vielerlei Gründen dagegen aufbegehren, zumal wenn dieser Krieg die Verletzung ebenjener Ideale mit sich bringt, derentwegen wir uns opfern möchten.

Im Übrigen jedoch sollten wir aufhören, uns aus gutem Glauben oder heuchlerisch darüber zu ereifern, dass das Leben heilig sei. Die alten Lateiner haben uns den Spruch überliefert: *Propter vitam vivendi perdere causas* – »Aus Liebe zum Leben den Sinn des Lebens verlieren«. In mancher Hinsicht entspricht unsere einerseits reiche, andererseits schrecklich sinnlose Zivilisation dieser Maxime.

Es geht nicht darum, den Krieg vorzubereiten und das Gesetz der Gewalt zu akzeptieren. Vielmehr müssen wir unser Leben dafür einsetzen, eine Welt aufzubauen, in der niemand mehr unterliegt, das heißt niemand mehr sterben oder sein Leben riskieren muss, weil andere es so wollen. Im stupiden Straßenverkehr, wegen unsinniger Luftverschmutzung, an Krankheiten, die geheilt werden könnten, wie Aids. Millionen Afrikaner sterben daran, weil die multinationalen Pharmakonzerne und »bürgerlichen« Staaten sich indifferent verhalten.

Eine Welt zu schaffen, in der jeder in völliger Freiheit die Werte wählen kann oder den Gott, in dessen Namen er sein Leben leben oder auch opfern möchte, das wäre tatsächlich ein Ideal, in dessen Namen man dem stupiden (Leben und) Tod entgehen möchte, den wir riskieren.

Oktober 2002

Von der Utopie zur Parodie

Die Artikel, die in diesem Buch versammelt sind, kreisen, genau wie die anderen aus jener Zeit, immer wieder um den heftiger werdenden Antiamerikanismus. Was ihn rechtfertigen soll, ist die Niederlage der Pax Americana, die nach dem Fall der Berliner Mauer glaubhaft zu sein schien. Noch immer strömen viele Ideen aus diesem großen Land, vor allem Technologien, von denen wir abhängen. Was jedoch

> *unsere Sympathien für die amerikanische Kultur auch im-*
> *mer sein mögen, für die Vereinigten Staaten ist das Ameri-*
> *ka des George Bush, das sich – nicht selten sogar in gutem*
> *Glauben – die Aufgabe anmaßt, die Weltordnung mit der*
> *unermesslichen militärischen und ökonomischen Macht,*
> *über die es verfügt, wiederherzustellen, die größte Gefahr*
> *für Frieden und Sicherheit, die es garantieren will. Die de-*
> *saströsen Folgen der Kriege im Irak und in Afghanistan, in*
> *die auch Italien verwickelt ist (noch dazu mit dem Plazet*
> *der sogenannten Linken), belegen das.*

Es ging uns wirklich besser, als es uns noch schlechter ging, sagt man bei vielen Gelegenheiten. Heute sagt man es häufig, wenn man an die politische Situation denkt, seit die Welt nicht mehr durch den Kalten Krieg geteilt ist. Als es noch den Kalten Krieg gab, den Eisernen Vorhang, die Mauer in Berlin, gewiss, wer damals tatsächlich auf der schlechten Seite stand, das waren die Untergebenen im »Reich des Bösen« – die Bürger in den Staaten des realen Sozialismus. Uns ging es wirklich nicht schlecht, wenn wir die ständige Angst vor dem drohenden Atomkrieg mal außer Acht lassen, der in manchen Augenblicken, wie während der Kubakrise, tatsächlich sehr nahe war. Wir haben deshalb kaum Grund, uns über die neuen Bedingungen zu beschweren.

Dennoch steht fest, dass es bergab geht, seit die Teilung der Welt in zwei Blöcke vorbei ist, zumindest im Hinblick auf die Sicherheit. Nie war der Krieg so nahe wie heute, und auch jetzt, da er (noch?) nicht da ist (Wetten werden noch angenommen), ist die terroristische Bedrohung für jedermann sichtbar, auch wenn sie sich bisher nur in der Vervielfältigung der Verteidigungsanstrengungen ausdrückt, in den Ermahnungen, Vorräte an Lebensmitteln und Getränken anzulegen und sich gegen die schwärzesten Seuchen impfen zu lassen, die der Feind alsbald versprühen werde.

Sah man jemals in den schlimmsten Zeiten des Kalten Krieges Zeichen des Ausnahmezustands, wie ihn die Einwohner von London oder der amerikanischen Großstädte derzeit erleben?

Wir wollen nicht annehmen, dass die terroristischen Gefahren sich nur auf Nachrichten stützen, die alten Doktorarbeiten oder bezahlten Propagandaschriften entnommen wurden. Wenn sie nur, wie es scheint, zu einem guten Teil wahr sind, dann bestätigen sie leider, dass unsere »einpolige« Welt sehr viel unsicherer ist als die geteilte, in der wir zu leben gewöhnt waren, bevor die Berliner Mauer fiel.

Ist das nur ein Zufall?

Vielleicht handelt es sich nur um eine Gründungskrise – eine Phase der Neuorientierung –, an die wir uns erst noch gewöhnen müssen.

Es ist jedoch ebenso wahrscheinlich, dass der Traum von einer kosmopolitischen Ordnung bereits ausgeträumt ist, auch wenn viele von uns ihn so gehätschelt haben, weil sie in ihm die einzige Basis für einen stabilen Frieden sahen. Es scheint, dass auch diese Utopie, wie so viele andere, sich in eine tragische Parodie verwandelt. In einem einheitlichen weltweiten Empire ist es vielleicht – unabhängig davon, wer es regiert oder zu regieren sich anmaßt – fatal, wenn Formen des Ungehorsams sich ausbreiten. Formen, die nicht diszipliniert werden können, auch nicht im Namen der Hoffnung dessen, dem – wie man früher gesagt hätte – »die Zukunft gehört«.

Man kommt nicht umhin, in dieser Feststellung eine Bestätigung für unsere menschliche Beschränktheit zu erkennen. Wir können nicht leben ohne das Böse. Frei sind wir nur, wenn wir Alternativen haben, die ihrerseits problematischer Natur sind. Auch die Bemühungen, föderale politische Systeme wie die Europäische Union aufzubauen, haben zum Ziel nicht die Utopie einer einheitlichen Weltordnung. Es soll lediglich zwischen nicht allzu unterschiedlichen und tragfähigen Kräften ein Gleichgewicht geschaffen werden, das es ermöglicht, ohne Feindseligkeit die eigenen Besonderheiten auszuleben.

Februar 2003

Der erneuerte Kommunismus

*Da auch eine historisch-biografische Einleitung einmal en-
den muss, füge ich hier zum Abschluss meines Marsches
durch die Oppositionen nur noch den Text der Rede an, die
ich Anfang 2004 beim Kongress des PdCI[17] in Rimini ge-
halten habe. Ferner die Diskussion, die sie auslöste, und die
Antwort darauf, die ich für den Manifesto[18] schrieb.*

Die Rede auf dem Kongress des PdCI in Rimini

Das, was auf diesem Kongress verhandelt wird, ist, wie der
Titel besagt (»An die Arbeit für die Linke«), in Wahrheit die Zukunft der Linken in Italien, in Europa und, unbescheiden gesagt, darüber hinaus. Die Kräfte dieser Partei mögen begrenzt
erscheinen, aber es ist nicht unrealistisch, sich vorzustellen, dass
ausgerechnet sie die Aufgabe schultern könnte, diese Zukunft zu
entwerfen.

Das sagt einer wie ich, dessen politische Laufbahn erst 1999
als Europa-Abgeordneter der DS begonnen hat, der indessen
Gelegenheit hatte, die schrittweise Transformation jener Partei
mitzuerleben. Die DS hat sich seither zu einer moderaten politischen Kraft entwickelt, die vom Gedanken besessen ist, Konsens in der rechten Mitte zu finden, ohne darauf zu achten, dass
sie durch diesen Schwenk die Stimmen ihrer eigenen linken
Wählerschaft verlieren wird.

Ich will nicht so stark vereinfachen, dass ich glaubte, diese
Besessenheit solle den »Verrat« an ihren Wurzeln und Grund-
überzeugungen verbergen. Sie ist wohl in erster Linie die Folge
einer verfehlten Analyse der italienischen und europäischen Situation.

Ein Beweis dafür ist die jüngste Abstimmung über die Irak-
Politik. Die DS nimmt bisher nur Abschied von einem Teilgebiet
der gesamten Linken, das gewiss nur minoritär ist. Aber ich bin
mir sicher, dass sie sich von einem Teil ihrer Wählerschaft noch
weiter entfernen wird. Einen ähnlichen Kurs kann man in den

Schwierigkeiten erkennen, die Blair momentan mit seiner Labour-Partei hat. Über Schröder in Deutschland kann man alles sagen, außer dass seine Partei ihm bisher nicht gefolgt wäre, weil er sich zu weit nach links wagen würde.

Wenn die europäische Linke verliert – wie es auch in Frankreich geschieht –, dann liegen die Ursachen generell woanders – analog zu jenen, die in Italien die Krise der DS hervorgerufen haben: Diese Parteien wollen um jeden Preis den Anschluss an einen angeblichen Fortschritt, der die Ideen des Marktes diskussionslos hinnimmt. Deshalb müssen sie objektiv das Programm eines bemitleidenswerten Kapitalismus teilen, das bekanntlich von der Regierung Bush ausgeführt wird.

Sie werden es nie zugeben, aber mir scheint, dass für die Linke eines Blair, eines Schröder und unserer Genossen von der italienischen DS der Kapitalismus und die Marktwirtschaft die einzigen Wege sind, die der Politik überhaupt noch offenstehen. Die Unterschiede werden nur noch auf der Ebene verhandelt, wo es darum geht, wie hoch oder niedrig die ärmlichen staatlichen Transferleistungen an die Arbeiter und ihre Familien sind, die von den unvermeidlichen kapitalistischen Umstrukturierungen ruiniert werden. Offensichtlich grenzenlos sind die Ströme des Finanzkapitals, die um die Welt rasen und Firmenpleiten provozieren, Produktionsverlagerungen in andere, ergiebigere Weltgegenden, die noch keine gewerkschaftlichen Errungenschaften kennen oder schlichtweg unberührt sind von jeder menschenrechtlichen Vorstellung.

Jedes Mal, wenn eine Firma geschlossen wird, reduziert man das Personal und verlagert die Produktion nach China oder Indien. Der Wert der Aktie steigt, und die Aktionäre freuen sich – am meisten die Großaktionäre. Die Kleinaktionäre werden mit Papieren abgefunden, die auf dem Abfall landen, sobald sich der endgültige Bankrott der Firma abzeichnet und die Banken den Wert der Papiere drastisch herabsetzen.

Auch eine europäische Verfassung (heilig und von kurzer Haltbarkeit), die den Wert unsere Produkte mithilfe avancierter Technologien steigern will, muss sich zwangsläufig der schamlosen Marktlogik beugen, sagen wir: der Konkurrenz. Die Technologie unserer Warenproduktion muss so beschaffen sein, dass sie die Konkurrenz der Chinesen, der Inder, vielleicht auch der Afrikaner schlägt.

Wie lange?, kann man fragen. Das ist undefinierbar, wie gesagt. Die »Entwicklung«, die an den Vorgaben des Bruttoinlandsprodukts gemessen wird, vollzieht sich durch eine darwinistische und gewissermaßen natürliche Auswahl, die nicht auf die Probleme und die Verzweiflung der Individuen und Familien, die von dieser Logik gewürgt werden, Rücksicht nehmen kann.

Hat die Linke dagegen einen andersgearteten Horizont? Hat sie ein Zukunftsprojekt, das nicht darin besteht, dem frenetischen Tanz zu folgen, der vom Finanzkapital angeführt wird? Das nicht nur als ein fröhlicher Abschied vom Prinzip Realität umschrieben werden muss, wie man es tun könnte und wie es das Keynes'sche Programm in mancher Hinsicht auch tat?

Denn insoweit ist das Prinzip Realität voll in Kraft: Es sind die Eigentümer der großen Multinationalen und der Finanzwelt, die das spekulative Kapital verschieben und damit ganze Länder dem Hunger ausliefern (zum Beispiel Argentinien). Das Vertrauen unserer Liberalisten und falschen Sozialisten in die fortschrittliche Kraft des Marktes wird nicht einmal geritzt von der banalsten aller Feststellungen, die heute jeder treffen kann, der Feststellung nämlich, dass in der US-amerikanischen Ökonomie die Armut auffällig zunimmt.

Sie ist das Modell der schwindelerregenden Entwicklung, die auf uns alle zukommt, und dort zeigt sich bereits: Die Distanz zwischen Armen und Reichen ist in den letzten zehn oder fünfzehn Jahren größer geworden. Die »absolute« Rate der Armut (nicht nur der »gefühlten«, wie die Meteorologen sagen), und das heißt der Familien, die unterhalb der Armutsgrenze leben, ist erschreckend gewachsen.

In den letzten Jahren passiert das Gleiche in Italien, und das sollte endlich zum Sturz der Regierung Berlusconi führen, denn inzwischen haben viele bemerkt, dass die »Schuld« nicht allein beim Euro liegt, sondern bei der kurzsichtigen oder, besser gesagt, blinden Politik der Regierung des »Cavaliere«[19], der sich stetig bereichert, auch durch Gesetze wie das Dekret »Salva

Rete 4«[20], das seine diensteifrige Parlamentsmehrheit freundlichst für ihn verabschiedet hat.

Aber, wie gesagt, das sind nicht nur Folgen spezifischer Maßgaben der italienischen Innenpolitik. Die Frage, die hier gestellt werden muss, lautet, ob es überhaupt noch eine ideale theoretische Perspektive gibt für die italienische Linke. Der Philosoph Lucio Colletti eignet sich gut als Parabel für den Verlust jeder Perspektive der italienischen Linken. Ausgehend von einem unnachgiebigen Marxismus, der schon immer wissenschaftlich infiziert war, landete er schließlich bei der Anbetung Poppers und seiner Abneigung gegen Metaphysik und Ideologie.

Die Linke in Italien, aber auch in anderen europäischen Ländern, navigiert heute nach Sichtkontakt und vertritt die Theorie, ihr einziges Problem bestehe darin, »Wahlen zu gewinnen«, egal wie. Deshalb weigert sie sich im Namen einer von Popper entlehnten Ideologiefeindlichkeit, Programme zu entwerfen, die sie reinlich von ihren Gegnern unterscheiden, die zwar auch keine haben, jedoch wenigstens Wahlen gewinnen.

Auch ich war ins postmoderne Ende der Ideologien verwickelt. Lasst mich deshalb eines sagen: Diese Art, das Ende der Metaphysik in der Politik zu verstehen, kann nur zu jener speziellen Form des Empirismus führen, die es unter Craxi[21] gab. Er wird heute nicht zufällig rehabilitiert. Ihm zu Ehren werden »linke« Kongresse veranstaltet und bedeutende Bücher publiziert, wie das des Vorsitzenden der DS.

Wenn die Linke nicht Herz und Verstand verlieren will, zudem ihre Wählerstimmen und jetzt auch noch das Gesicht, muss sie sich auf ihre theoretische Erbschaft und ihre reichen Wurzeln besinnen. Sie sind brandaktuell, während ein großer Teil ihrer Parteiführer schwört, nie Kommunist gewesen zu sein. Sie geben sich gemäßigt, konstruktiv und sind bereit zum Dialog mit den Mafiosi, die die Macht erobert haben.

Ich meine das Marx'sche Erbe. Seine Prognose (oder Prophezeiung), dass die Gesellschaft schrittweise verproletarisieren werde, war nie so evident wie heute. Erst verkommen die Arbeiter, dann die Mittelschicht (die Angestellten, die, wenn es gut geht, als Kellner bei McDonald's enden). Das »Volk der

Umsatzsteuerzahler«[22] kann den ständigen Veränderungen der Produktionsanforderungen, die vom Finanzkapital ausgehen, nur noch hinterherhecheln. Sie zahlen tatsächlich noch Steuern in einem Staat, während die großen Steuersünder vom Gesetz begünstigt werden.

Wir können von den elementaren Hinweisen auf die Marx'schen »guten« Gründe ausgehen und uns fragen, wie es kommt, dass seine Prophezeiungen wahr werden. Wie kommt es, dass der Kapitalismus der sogenannten freien Märkte seine größten Triumphe ausgerechnet jetzt feiert, da der sowjetische Staat abgedankt hat und der Kommunismus nicht mehr droht? Dass wir das Ende des Kalten Krieges bedauern müssen, da wir in immer heißere Kriege hineingetrieben werden?

Und nicht nur das: Das, was der Kapitalismus einst zu garantieren schien – Meinungsfreiheit, Gewissensfreiheit, Glücksuche, Privatleben –, wird immer geringer, angefangen beim »Mutterland der Demokratie«, wie ein keinesfalls extremistischer Journalist, Vittorio Zucconi, die USA kürzlich mit ironischem Zungenschlag genannt hat. Die terroristische Gefahr – ob sie nun existiert, ein Vorwand ist oder selbst erzeugt wurde (vergessen wir nicht den Bericht der britischen Geheimdienste über die Waffensysteme des Irak, die auf Anordnung von Blair »frisiert« wurden – was nicht einmal der konziliante Lord Hutton bestritten) –, begründet inzwischen eine kapillare Kontrolle der Regierung Bush über jeden Bereich des täglichen Lebens der Amerikaner.

Schauen Sie sich den Film *Runaway Jury – Das Urteil*[23] an, er zeigt, dass die amerikanische Gesellschaft, zumindest im Bereich der Politik, eine erpresserische Gesellschaft ist, eben weil sie so unter Kontrolle steht. Nicht eine Kontrolle aller über alle – das wäre ja vielleicht noch ein sozialistisches Ideal, wenngleich ein zudringliches –, sondern einiger weniger über alle anderen.

Der Marx'schen Prophezeiung über die fortschreitende Proletarisierung, die sich in der Marktgesellschaft vollzieht, folgt jetzt unter der Hand die Proletarisierung der Informatik. Der größte Teil der Menschheit ist nicht nur von der Verfügung über die wirtschaftlichen Ressourcen der Erde ausgeschlossen. Dank des technischen »Fortschritts« sind die Massen auch einer Kontrolle über ihr Privatleben unterworfen, die in früheren Gesellschaften ohne Vorbild ist.

Die beiden Aspekte der Proletarisierung bedingen einander, wie leicht einsichtig ist. Der Ausschluss der großen Mehrheit der Menschheit von der Verfügung über die Ressourcen (fünfzehn Prozent der Weltbevölkerung verbrauchen fünfundachtzig Prozent) erfordert eine hochgerüstete Verteidigung der reichen Welt. Das führt zur fortschreitenden Verarmung auch der Mittelklassen und macht das Leben aller unerträglich – ausgenommen jener wenigen, die über die Informationen verfügen. Auch die Unterführer, Vizeführer, einfachen Soldaten und vielleicht sogar viele Generäle finden es immer unerträglicher, ihr Leben in einer Festung zu verbringen.

Im Übrigen hält die Festung nicht ewig. Auch wenn Marx geirrt haben sollte, als er den unvermeidlichen Sieg des Proletariats prophezeite (vorausgesetzt, dass er in solchen Begriffen dachte), ist es sehr gut möglich, dass die »äußere« Welt, bestehend aus fünfundachtzig Prozent der Verarmten, Aidskranken usw., unter diesen Bedingungen schließlich doch noch gegen die Unterdrückung rebelliert. Sie werden nicht siegen, fürchte ich. Es wird ein hübsches Blutbad geben, und sie werden im Falle ihrer Niederlage in eine noch festere Zwangsjacke gesteckt werden. Das ist immer noch besser als die atomare Katastrophe oder ein Weltkrieg, aber es ist eine schreckliche und viel realistischere Perspektive.

Man sagt uns: In den Staaten, die das Pech hatten, den »realen Sozialismus« zu erleben, gab es keine Freiheit, weil die Menschen sonst gegen die extreme Armut rebelliert hätten, die eine Folge jeden Regimes ist, das kein Privateigentum kennt. Das mag sein, und deshalb beschreibe ich meine Erfahrungen und meine Annäherung an den PdCI mit dem Slogan: »Der real existierende Kommunismus ist tot. Es lebe der ideale Kommunismus.« Da ich sehe, wie die »Entwicklung«, die der Markt garantieren soll, scheitert, muss einer wie ich, der nie Kommunist war (das gestehe ich), einer werden, um die Wahrheit der Marx'schen Prophezeiungen *in corpore vili*[24] zu untersuchen, auch wenn ich als

Universitätsprofessor und Parlamentarier vielleicht nur unter dem Aspekt der Freiheit verproletarisiert bin, nicht jedoch unter dem Aspekt der materiellen Armut.

(Aber wie lange noch? Denn wäre ich Journalist oder Professor nach den neuen prekären Richtlinien, die mit der »Reform« Moratti in Kraft treten sollen, müsste ich solcher Aussagen wegen schon befürchten, meinen Arbeitsplatz zu verlieren.)

Also zurück zum Marxismus? Was die Dinge betrifft, die ich angedeutet habe, heißt die Antwort: Ja. Auch zur Diktatur des Proletariats? Mit Sicherheit nicht. Vielleicht sollten wir den Terminus »Liberalkommunismus« erfinden. Er könnte die Kritik am Marx'schen Dogmatismus in sich aufnehmen, von dem die autoritären Fehlentwicklungen des real existierenden Sozialismus einst ausgingen – zumindest jene vielen, die nicht mit der Notwendigkeit erklärt werden konnten, die Revolution vor dem Angriff des Weltkapitalismus zu beschützen.

Ich erwähne nur nebenbei, dass ich die Haltung der Wissenschaftler bejahe, die damals Atomgeheimnisse an das Russland Stalins verraten haben. Man braucht nur zu sehen, welchen Gebrauch die Regierung Bush und ihre Alliierten heute vom Prinzip der Nichtweitergabe von Massenvernichtungswaffen machen …

Der Autoritarismus des »realen« Kommunismus leitete sich ab vom unerschütterlichen Glauben der Marxisten an eine objektive Wahrheit der Geschichte, an die Notwendigkeit des Staates und schließlich an die Existenz einer »humanen Essenz« (das *Gattungswesen*, dessen Träger die expropriierten Proletarier wären).

Wenn es eine absolute Wahrheit über die Geschichte, den Staat und die Natur gibt, ist es jedoch fatal, eine neue privilegierte Klasse von Experten zu schaffen – von Avantgarden und Führern des »authentischen« Proletariats –, auch gegen das »empirische Proletariat« (der Terminus stammt, glaube ich, von Lukács). Nach den Erfahrungen mit der imperfekten Realisierung des Marxismus in der Sowjetunion muss man dagegen zu ebendiesem zurückkehren und die Erfahrungen nutzbar machen.

Wir dürfen uns nicht den Thesen Fukuyamas vom Ende der Geschichte anvertrauen, dass wir alle in einem Stall leben mit einem einzigen Oberhirten. Das ist die vorgebliche Demokratie des Kapitalismus à la Bush. Wir erkennen uns in der Tatsache, dass jedes Projekt der Emanzipation sich nur auf die Suche nach menschlicher Gleichheit und einer politischen Kultur stützen kann, die die »natürliche« Ungleichheit korrigiert.

Baudelaire schreibt: »Wo immer ich Tugend fand, fand ich Gegen-Natur.«

Die rechten Parteien sind die höchste Natürlichkeit. Wir werden ungleich geboren, sagen sie, und es sei richtig, dass wir die natürlichen Ungleichheiten dazu verwenden, um Konkurrenz und Entwicklung voranzutreiben. Um den Markt zu fördern.

Wir wollen keine Naturgesellschaft, sondern eine Kulturgesellschaft. Die Gleichheit müssen wir uns erkämpfen, natürlich ohne Gewalt, soweit das möglich ist. Ohne den Fetischismus des Überlebens, wofür auch immer, und ohne das Leben als pure biologische Tatsache zu begreifen (das Tabu, mit dem die Stammzellenforschung verboten wird, die künstliche Befruchtung und eines Tages vielleicht sogar die medizinische Indikation …)

Wir alle hier wissen, gegen den Nazifaschismus hätten wir mit der Waffe in der Hand kämpfen müssen. Wenn wir es heute nicht tun, dann nur, weil wir die freie Diskussion (solange es eine solche ist) über politische und kulturelle Positionen bevorzugen. Vor allem aber, weil die Gewaltanwendung uns auf der Verliererseite sehen würde, und wir sind keine stupiden Fanatiker.

Aber vergessen wir nicht, dass unsere Gegner schonungslos Gewalt anwenden und uns zwingen, dies ebenfalls zu tun – im Irak zum Beispiel, unter dem Vorwand, das Land aufzubauen. Ein Teufelskreis. Erst hat man es mit Gewinn zerstört, und jetzt baut man es mit enormem Gewinn wieder auf.

Gegen diesen unterdrückerischen und einschüchternden Gebrauch von Gewalt müssen wir eine Aktion setzen, die es dem Gegner verbietet, weiterhin Schaden anzurichten, indem wir die Wähler gewinnen, aber auch, indem wir die Vision einer Welt ohne wissenschaftlichen Dogmatismus erarbeiten. Nicht objektive Wahrheiten bilden die authentische Grundlage menschlichen Zusammenlebens, sondern die Fähigkeit zum Zuhören. Der Respekt vor der Freiheit der anderen (Individuen, Gruppen,

Gemeinschaften) gehört zum besten Erbe des Westens, das heute so lautstark gerade von jenen verraten wird, die es für sich in Anspruch nehmen.

Februar 2004

Vattimo bewegt sich

Ist Gianni Vattimo zum starken Denken[25] zurückgekehrt? Wenn es so wäre, könnten wir uns freuen. Für einen jungen Denker wie mich, der seine Lehrzeit in den achtziger Jahren verbracht hat (ich bin etwa so alt wie die Zeitung *Il Manifesto*), war der Professor ein Vertreter des schwachen Denkens. Er war der Theoretiker der Schwächung erklärender Kategorien. Er neigte zu endlosen Interpretationen und verlor transformative und emanzipatorische Bestrebungen (der Welt und der Individuen) gern aus den Augen.

Während meiner gesamten Universitätsjahre, als die politische Debatte überschattet wurde von einer faszinierenden und alles blockierenden Debatte, die sich um das Wahlrecht drehte, um Verhältnis- und Mehrheitswahl, während wir kleinen, wehrlosen Studenten der Universität Lecce zu sagen versuchten, dass diese Diskussion ein demokratischer Rückschritt sei, der die Personalisierung der Politik vorantreiben würde, die nur den Triumph der Herren der Massenmedien herbeiführen könne (der Sieg Berlusconis in den frühen neunziger Jahren ist in erster Linie dem fantastischen Paar Segni/ Occhetto zu verdanken), schrieb unser wichtigster Philosoph in der Presse (mir fällt dazu ein Artikel in der Zeitung *La Stampa* ein), dass die Rolle der Intellektuellen als progressive Avantgarde der beherrschten Klassen zu Ende sei. Übrig geblieben als Prätendent einer politischen Einmischung mittels Demonstrationen auf Straßen und Plätzen sei im besten Fall die Arbeiteraristokratie, die sich ihrer Privilegien nicht schäme.

Vor einigen Wochen sah ich Vattimo wieder, als er eine Rundreise für sein neues Buch machte. Die Veranstaltung nannte sich »Philosophie und Emanzipation« – ein an sich schon waghalsiger Titel. Ich konnte mir den Abend nicht verkneifen, der mir wahre Schauer über den Rücken jagte. Wörter wie »Aggressivität«, »Militanz«, sogar Karl Marx und »Kommunismus« (der ideale) schmückten seinen Vortrag. Ich hätte ihn gern gestört und ein paar Widersprüche herausgelaust, aber der Vortrag des Meisters war rund, einwandfrei und genau betrachtet absolut kohärent.

Man muss sich von der Wahrheit und der Geschichte verabschieden, hatte er in den trüben Achtzigern gesagt, und im Grunde sagte er das noch immer, nur auf den Kopf gestellt. Beim Rausgehen dachte ich an die vielen, die sich von der Geschichte nicht befreien können, benachteiligt auf die Welt kamen, in prekären Verhältnissen leben müssen, die sich ebenfalls von ihren vertrockneten, stiefmütterlichen Wurzeln frei machen möchten, aber nicht können. Ich dachte an jene, die an ihre Vergangenheit gefesselt sind, keine Ressourcen haben und in deren Leben ein beschämender Mangel an Möglichkeiten herrscht. Jene, denen der postmoderne Philosoph sogar die Möglichkeit verweigert hatte, eine eigene Version der Wahrheit auszudrücken: Es existiert keine Wahrheit, weder eine totale noch eine partielle, Punkt und Schluss, alles fließt.

Nun zerreißt Vattimo den Mitgliedsausweis der postmodernsten Partei Italiens (deren philosophische Hebamme er war), weil er gegen den Krieg ist, und wir sind froh darüber (aber was ist mit dem Kosovo? Was mit der Regierung D'Alema?).[26]

Jetzt schreiben die Zeitungen, Cossuta[27] habe ihm angeboten, für das Europäische Parlament zu kandidieren, und er habe angenommen (aber war Cossuta nicht Stalinist? Was für seltsame Weggefährten, Herr Professor, in letzter Zeit!).

Jetzt schreibt Vattimo im *Manifesto* einen schönen Beitrag, als wäre er unser engagiertester Foucault … Professor, haben Sie uns was zu erklären?

Mimmo Pichierri, Philosophielehrer

Ja, ich habe meine Meinung geändert oder besser gesagt: viele meiner Meinungen. Ich nehme dieses Recht für mich in Anspruch, aber ich betone auch, dass ich nie ein Agent der CIA war, wie viele linke Intellektuelle, die dann keine Linken mehr waren und es jetzt vielleicht wieder werden. Um diesen Wechsel zu verstehen, muss man berücksichtigen, dass die Positionen des »schwachen Denkens« anfangs (in der Zeit, als das gleichnamige Buch, herausgegeben von Pier Aldo Rovatti, publiziert wurde[28]) auch ein Versuch waren, durch Herstellung einer »ethischen« Distanz auf die gewalttätigen Degenerationserscheinungen der 68er-Bewegung zu antworten.

Ich könnte behaupten, auch ich wäre ein Opfer des »Terrorismus«, denn da ich die bleiernen Jahre in Turin miterlebt habe, kenne ich seine Grausamkeit und seine Nutzlosigkeit. Ich habe deshalb ein wenig mit dem Ideal geliebäugelt – das seinerseits in gewisser Weise »autonom« ist –, sich nicht gewaltsam einzumischen, sondern Basispolitik zu machen, das Lokale gegen das stets gewalttätige Globale usw.

Erst danach hat sich das »schwache Denken« zu einer Geschichtsphilosophie entwickelt (oder verwickelt), und das unterscheidet mich meiner Ansicht nach inzwischen von Rovatelli, der dem phänomenologischen Interesse für die Ränder treu geblieben ist.

In Weiterentwicklung einer bestimmten Lesart Heideggers, Nietzsches und auch René Girards dachte ich (schon in den achtziger Jahren), dass die Schwächung auch ein emanzipatorischer Leitfaden in der Geschichte des Seins sein könnte: Der Westen als das Land, in dem die unumstößlichen »Naturgesetze« untergehen, in dem das christliche Erbe eines schwachen Gottes stark wird und wo Gott nicht länger als Herr, sondern als Bruder zur Welt kommt usw.

Links zu sein, auch politisch links, erscheint mir seit damals wie ein Programm der fortschreitenden Auflösung aller Absolutheiten, angefangen bei den ideologischen Vorgaben, welche die »natürlichen« Ungleichheiten rechtfertigen sollen, obwohl sie nicht natürlich sind.

Dass die politische Ökonomie keine Naturwissenschaft ist, das ist, glaube ich, einer der Punkte der Marx'schen Lehre, die man von den Resten ihrer Verwissenschaftlichung frei machen muss, die sämtliche autoritären Aspekte des »realen Sozialismus« erst möglich gemacht hat. Wenn es eine definierbare und erreichbare Bedingung für menschliche Authentizität gibt, von der Hegel (aber bis zu welchem Punkt?) und Marx ausgingen (nicht Croce, der besaß eine erheblich offenere Vision von Geschichtlichkeit), dann sind nach der Revolution alle Unzufriedenen tatsächlich nur noch Verrückte oder feindliche Agenten. Ein »geschwächter« Marx ist das, was wir brauchen, um ohne liberale Schamhaftigkeit die Wahrheit des Kommunismus wiederzuentdecken.

Unnötig zu sagen, dass diese »Entwicklungen« des schwachen Denkens bewusst »ideologisch« sind. Sie sind Ausdruck der präzisen historischen Erfahrungen der letzten Jahrzehnte und haben diese begleitet. Es ist klar, dass auch das schwache Denken keine Wahrheit beansprucht. Es ist eine Antwort, die sich am vernünftigsten aus den determinierten Bedingungen, unter denen wir leben, herleiten lässt. Momentan: Die Gefahren für die Freiheit, die der neue nordamerikanische Imperialismus repräsentiert, der sich für »absolut« begründet hält (die Demokratie – aber welche? –, die mit Gewalt durchgesetzt werden muss; die Gesetze des Marktes, die die »Entwicklung« garantieren sollen; der Missbrauch der Ressourcen des Planeten, der durch die Entwicklung extrem intensiviert wird; die Verteidigung der reichen Welt gegen die Armen, die allesamt zu Komplizen des »Terrorismus« erklärt werden, usw.).

Ich sehe keinen Widerspruch zwischen der Affirmation der Schwächung und der Verteidigung der Freiheit. Nicht einmal der Kant'sche kategorische Imperativ erfordert seinem Sinn zufolge, dass »starke« Vernunftgründe respektiert werden, sondern die Respektierung des anderen. Es erfordert Stärke, die andere Wange hinzuhalten unter Hintanstellung der eigenen Ansprüche.

Ich würde den Mitgliedsausweis der postmodernsten Partei zerreißen, wirft der Kritiker mir vor. Hier spielen theoretische Überlegungen leider keine Rolle. Wenn man so will, dann wird die Führungsspitze dieser Partei von einer, wie mir scheint, Craxi'schen[29] Form der Schwächung inspiriert – das Programm des reinen Staates mit einem stalinistischen Rahmen, was die disziplinarischen Strukturen betrifft (nichts taugt etwas, das aus einer Partei und ihrer Bürokratie entsteht).

Ich habe nicht an ihrer Geburt mitgewirkt, und ich bin nicht verantwortlich für ihren Tod. Ich will nur, und sei es von außen, dazu beitragen, ihren Zerfall zu einer Karikatur der übelsten Sozialdemokratie zu vermeiden.

März 2004

Demokratischer Subversivismus

So lautete der Titel des folgenden Textes, und ich möchte nicht darauf verzichten, ihn noch einmal zu veröffentlichen, da er für mich eine besondere Bedeutung hat. Er war ursprünglich ein Beitrag für die Feierlichkeiten zum dreißigsten Jahrestag der portugiesischen »Nelkenrevolution«. Sergio Cofferati und ich waren von Mario Soarez und seiner gleichnamigen Stiftung nach Lissabon eingeladen worden.

Ich nannte meinen Beitrag dann »Die Zukunft der Demokratie und der Fall Italien« – auch um keine Misstöne zwischen mir und Soarez bzw. Cofferati anklingen zu lassen, denn ich war enttäuscht davon (wie so viele von uns), dass Cofferati sich bei der ausufernden Demonstration auf der Piazza San Giovanni im September des Vorjahres nicht dazu durchgerungen hatte, die Führung der Linken (ohne allzu viele Kompromisse mit der Parteibürokratie zu schließen) zu übernehmen, was ich in Lissabon noch einmal zum Ausdruck brachte. Es wäre für die Transformation der Linken und des gesamten Landes, auf die wir immer noch hoffen, ein großer Gewinn und eine entscheidende Initiative gewesen.

Die italienische Demokratie teilt viele Charakteristiken (Krisen und regelrechte Auflösungserscheinungen) anderer »demokratischer« Länder, die zudem keine solchen mehr sind. Sie zeigt aber auch typische Eigenheiten, die andernorts nicht feststellbar sind. Diese verdienen besondere Aufmerksamkeit, weil sie einen Prozess nur zu antizipieren scheinen, den die anderen Länder früher oder später ebenfalls durchlaufen werden.

Hier wollen wir heute anknüpfen, ohne die Geschichte der demokratischen Regierungen in Italien seit dem Zweiten Weltkrieg ausführlich zu erörtern. Italien ist nicht nur Mitglied der Europäischen Union, sondern auch eine beispielhafte kapitalistische Gesellschaft. Seine politischen Angelegenheiten haben deshalb signifikante Auswirkungen auf Europa und darüber hinaus (ich denke an den Mittelmeerraum und den größeren Rahmen der Beziehungen zur Supermacht Amerika und dem Rest der Welt).

Das, was grob gesagt die Grundlage des Zerfalls der Demokratie in sämtlichen Ländern bildet, ist die Tatsache, dass die Parteien geschlossene und selbstreferenzielle Bürokratien sind (mit besonderen nationalen Unterschieden), die mit ihren Wählern nur über die Massenmedien kommunizieren. Ein solcher Prozess der »Vermittlung« von Politik, den manche auch einfach schauspielhaft nennen, ist in gewisser Weise physiologisch.

Man kann deshalb nicht sagen, dass diese Vermittlung auf einem absichtsvollen Plan beruht. Sie zeigt vielmehr die Eigenheiten und Beweggründe der Entstehung charismatischer Autorität in hochindustrialisierten Gesellschaften, von denen Max Weber sprach.

Natürlich besteht das Problem darin, zu begreifen, bis zu welchem Punkt dieser Prozess physiologisch ist und bis zu welchem Grad bereits krankhaft, sodass man ihn bekämpfen sollte und müsste. Etwas in der Art spielt sich grundsätzlich in allen Debatten über die »Modernisierung« der Gesellschaften ab – auf dem Gebiet der Arbeitsgesetzgebung und der Wirtschaft überhaupt.

Auf der einen Seite fordern die Modernisierer uns auf, die Situation zur Kenntnis zu nehmen, die sich durch die Umverteilung der Arbeit und die Änderung der Klassenverhältnisse ergeben hat. Infolge der fortschreitenden Individualisierung der zu verrichtenden Arbeit sei jede Form der gewerkschaftlichen Organisation obsolet geworden. Die Arbeiter (aber welche?) seien in direkte Verhandlungsbeziehung mit den Arbeitgebern getreten.

Auf der anderen Seite glauben viele von uns mit Marx immer noch, dass die politische Ökonomie keine Naturwissenschaft ist, und das heißt, dass die Bedingungen, unter denen gesellschaftliche Arbeit stattfindet, politischen Entscheidungen unterliegen und nicht nur »neutralen« technologischen Veränderungen.

Genau betrachtet spiegelt die Art, wie man sich gegenüber der Vermittlung von Politik und der Macht der Massenmedien gebärdet, vergleichbare Positionen wider. In weiten Kreisen der Linken wird oft der Vorwurf erhoben, man habe lediglich die Mechanismen der Medien nicht tief genug erfasst und könne sie deshalb nicht so erfolgreich benutzen, wie es die Rechten tun. Man greift also – man denke an den Fall Blair – auf sogenannte »Spindoktoren« zurück, die häufig »neutrale« professionelle Figuren sind und sich auf dem Markt als Ratgeber und Organisatoren für Wahlkampagnen anbieten, wo die Kandidaten wie eine Ware angepriesen werden.

In Italien hat die Medienvermittlung von Politik eine so intensive Wirkung gezeigt wie in keinem anderen Land. Ein Unternehmer, der erst im Bauwesen tätig war, dann in der Fernsehindustrie, hat aus dem Nichts binnen sechs Monaten eine Partei geschaffen, die Mehrheit erobert und ist Premierminister geworden. Er ist von einem Teil der Parteien seiner Regierungskoalition »verraten« und sitzen gelassen worden und hat nach fünf Jahren einer Regierung der linken Mitte abermals die Wahlen gewonnen und regiert jetzt wieder das Land.

Er wird sehr wahrscheinlich wieder verlieren, aber noch ist das letzte Wort nicht gesprochen. Momentan sieht es so aus, als könnte er die Europa-Wahlen und die Kommunalwahlen im nächsten Frühjahr verlieren. Ob er die politischen Wahlen 2006 verlieren wird, ist schwer zu sagen[30]. Das Problem ist: Selbst wenn er von der gegenwärtigen Opposition geschlagen wird, besteht das Risiko, dass dies geschieht ohne eine tief greifende Veränderung des politischen Systems, das er geschaffen hat, und das besteht aus der Macht der Medien und der Trennung der Bürger von jeder Form der politischen Beteiligung, die nicht in der Weise erfolgt, die von der Fernsehkommunikation und der Werbung angeboten wird.

Sollte das geschehen – Rückkehr einer Koalition der linken Mitte an die Macht ohne radikale Veränderung des politischen Lebens –, könnte die Zukunft der Demokratie in Italien nicht viel anders aussehen als die, die von der gegenwärtigen Mehrheit zu erwarten ist.

Das ist der Grund dafür, warum in Italien – aber ich glaube, auch in anderen europäischen Ländern – der Kampf der Linken um Wählerstimmen gegen die Konservativen, Liberalen usw. einen internen Kampf zwischen zwei verschiedenen Linken beinhaltet. Einerseits die sogenannten »Modernisierer« oder »Reformisten« (bei uns die Liste Prodi) und andererseits die Radikalen, die einfach nur Sozialisten sind und ihre Utopie nicht aufgeben, eine globale Transformation der gesellschaftlichen Strukturen und eine nicht nur oberflächliche Umverteilung der Reichtümer zu erreichen.

In gewisser Weise haben die vielen nicht unrecht, die der Auffassung sind, dass es zwischen rechts und links keinen Unterschied mehr gibt – weil es keine Arbeiterklasse mehr gibt, weil der Reichtum überallhin kommt, weil die Globalisierung alle reich und frei macht. Es sieht so aus, als ob die gesellschaftliche Zukunft – vor allem in den westlichen Ländern und mit dem weltweiten Sieg der Globalisierung der Wirtschaft – auf zwei Möglichkeiten oder gesellschaftliche Modelle verweist: das eine ist die Blase Medieninformation – eine Blase, weil sie tatsächlich eine Kugel bildet, die streng abgegrenzt ist gegenüber denjenigen, die nicht »verkabelt« sind, andererseits offensichtlich unscharfe Ränder hat.

Der Rest der Gesellschaft wird immer »primitiver« infolge der schnellen technischen Entwicklung ständig neuer Dispositionen, die in der Blase stattfinden. Nur dass ein derartiges Verschwinden der Grenzen zwischen links und rechts die These impliziert, dass die Verwandlung der Welt in eine einheitliche Gesellschaft reicher, freier und demokratischer Bürger nur noch eine Frage der Verbreitung von Informationen ist. Man braucht nur alle mit dem Internet zu verbinden, um alle Konflikte zu lösen und eine neue Ära frei von Entfremdung zu eröffnen …

Das erinnert sehr an das »Lied vom Leierkasten«, von dem Zarathustra in Nietzsches gleichnamigem Werk spricht[31], und vergessen wir nicht, dass man eine Welt der ewigen Wiederkehr der Gleichheit nur schaffen kann, wenn man der Schlange den Kopf abbeißt … mythologische Begriffe Nietzsches, die hier nicht erläutert werden können, die jedoch – entgegen Nietzsches möglichen Absichten – den Sinn haben, an die fortwährende Notwendigkeit der »Revolution« zu erinnern.

Zurück zum Fall Italien. Das Dilemma der Zukunft der Demokratie besteht in Folgendem: Entweder man akzeptiert, dass die Demokratie über die Medien verwaltet wird. Dann ist die Demokratie auf Gedeih und Verderb an die Welt der Massenkommunikation gekettet, die ihrerseits von den kapitalistischen Kräften kontrolliert wird. Jeder, der Wahlen gewinnen will, muss somit in der »Blase« bleiben.

Oder man muss eine »revolutionäre« Methode finden, den Zyklus zu unterbrechen. Im Klartext: Die Demokratie droht in allen entwickelten Ländern zu ersticken. Schon heute widersprechen die Wahlergebnisse nur selten den Meinungsumfragen. Diese wiederum messen nicht objektive Vorstellungen der Gesellschaft, sondern erbringen die Antworten, die die Massenmedien ihrerseits zu produzieren geholfen haben.

Wenn die Behauptung des ebenfalls ziemlich abenteuerlichen Fukuyama, die Geschichte sei am Ende, einen Sinn ergibt, dann insoweit, als sich unter den bestehenden Bedingungen bewahrheitet, dass nahezu jedes Ereignis vorhersehbar ist – zumindest in den informatisch informierten Ländern im Innern der »rationalistischen« Blase.

Allerdings haben sich in letzter Zeit bei den Wahlen in Spanien und Frankreich signifikante Abweichungen gezeigt. Wir in Italien erhoffen uns ein ähnliches Ergebnis bei den bevorstehenden Europa-Wahlen und danach bei den Nationalwahlen. Ohne die Vorhersagen auf Spanien und Frankreich auszudehnen, erscheint es prognostizierbar – wenn die Linkskoalition es schafft, wieder eine Regierung zu bilden –, dass eine neue Phase des »Zyklus« anfängt, der dadurch nicht wirklich unterbrochen zu werden braucht.

Der Zyklus kann folgendermaßen beschrieben werden: Unzufriedenheit mit den Rechten, die ihre Wohlstandsversprechen nicht eingehalten haben (Berlusconi verspricht den Himmel auf Erden, und stattdessen sind die Italiener ärmer geworden). Wahlsieg der vereinigten Linken bei den kommenden Wahlen und Rückkehr in die Regierung. Nach einiger Zeit fühlen sich die linken Linken von der Politik der Regierung enttäuscht (wie es der letzten Regierung Prodi ergangen ist), weil die Exekutive zu lasch reagiert. Die Einheit der Linken zerbricht, die Regierung muss zurücktreten³², Neuwahlen und Rückkehr der Rechten an die Macht, auch weil die Massenmedien noch immer in ihrer Hand sind ...

Alle Erscheinungsformen sind in diesem Teufelskreis enthalten; der ständige Wechsel ist garantiert. Aber warum sinkt die Wahlbeteiligung von Wahl zu Wahl? Die Politikerklasse schottet sich ab und ist autoreferenziell. Die Politik ist eine Sache für »Profis« geworden, die man auch durch das Los bestimmen könnte. Vielleicht ist diese Analyse zu stark vereinfacht und zu pessimistisch. Sicher ist sie das.

Vergessen wir auch nicht das Problem der »Revolution in einem Land«. Für uns bedeutet das die fundamentale internationale amerikanische Weltordnung, die dazu neigt, alle Demokratien der »wehrhaften« Demokratie zu unterwerfen, die in der Einheit im »Kampf gegen den Terrorismus« besteht und deshalb in den Händen der US-amerikanischen Administration konzentriert ist. In Italien sind wir deshalb davon überzeugt, dass es wichtiger ist, Bush loszuwerden, als unseren Berlusconi abzulösen.

Für die Zukunft der Demokratie in Italien und in aller Welt, die in Anlehnung an eine Formel der »Stimme Amerikas« einst die »freie« genannt wurde, ist es von entscheidender Bedeutung, dass sie sich mit der Möglichkeit identifiziert, den Höllenkreis der Regierungswechsel, der nie die von den USA oder (das ist dasselbe) von dem ökonomischen System der Multinationalen festgesetzten Grenzen verlässt, zu unterbrechen oder wenigstens zu stören.

Im Übrigen wird dieser Teufelskreis ständig auch von den konservativen Kräften bedroht. Ich erwähne nur die »Reform« der Verfassung, die Berlusconi in Italien durchsetzen möchte, um für sich zu garantieren, dass diese Wechsel nicht zu ernst genommen werden. Es ist ein Paradox, dass ausgerechnet die Linke in Italien oft beschuldigt wird, konservativ zu sein, weil sie die Verfassung verteidigt, während die Rechte sie in autoritärer Absicht verändern will.

Die Linke muss sich, um das zu vermeiden, früher oder später dem Problem der »Revolution« stellen. In den Jahren der Mitte-links-Regierung ist zum Beispiel ein deutliches Gesetz zur Schwächung der Monopole Berlusconis, vor allem auf dem Gebiet des Fernsehens und der Presse, wegen der verfassungsrechtlichen »Sensibilität« des Themas unterblieben (außerdem wegen der delikaten Natur der Regierungskoalition). Der Fetisch der formalen Demokratie – die gewiss niemand von uns zerstören will – ist die Vogelscheuche, hinter der Bush und seine Verbündeten sich verschanzt haben, womit sie sehr beredt ihre Natur als ideologische Maskerade zeigen.

Wie soll man an die Demokratie glauben, wenn sie das Wertesystem bildet, in dessen Namen Bush, Blair und Berlusconi den Irak bombardieren, das Lager Guantánamo unterhalten und weltweit eine Kontrolle über unser Privatleben ausüben, um uns angeblich gegen den »Terrorismus« zu verteidigen?

Der Traum, in »normalen« demokratischen Verhältnissen zu leben, ist wie der Traum von der unsichtbaren Hand des freien Marktes, der ein angeblich ideales ökonomisches Gleichgewicht herbeiführt. Doch so, wie der freie Markt reguliert werden muss (oftmals kräftig reguliert), um kein Monopolgebiet zu werden, so muss die »normale« Demokratie gründlich mit »Subversivismus« geimpft werden – nicht so sehr durch politische Initiativen, die die konstitutionellen Vorschriften ändern, um stabile Mehrheiten zu schaffen, wie Berlusconi sie in Italien gern hätte. Sondern durch außerparlamentarischen Druck, der das politische System daran hindert, sich abzuschotten und zu verkalken infolge seiner inneren Machtspielchen.

Auch in der Hinsicht hat die aktuelle politische Situation in Italien viel zu bieten. Permanent haben Berlusconi und die Seinen versucht, der Opposition antiitalienische Propaganda und Beleidigung der Institutionen zu unterstellen, wenn diese auf der Straße demonstriert und ihren Dissens deutlich gemacht hat. Einige dieser Demonstrationen erregten Aufsehen, wie die »Menschenketten« um die Paläste der Macht oder der Appell an den Staatspräsidenten, die schamlosen Verfassungsbrüche der Regierung Berlusconi, die sich auf eine starke Mehrheit stützen kann, zu unterbinden.

Es stimmt, dass die Demokratie Stabilität braucht und dass es nichts nützt, jeden Monat eine Regierungskrise auszulösen. Andererseits hat die heutige italienische Demokratie, so wie alle »realen« Demokratien, die wir kennen, das Problem, nicht den Kontakt zur alltäglichen sozialen Realität verlieren zu dürfen.

Nimmt man hinzu, was inzwischen sogar die liberalsten Soziologen zugeben, dass die Bedingungen, unter denen Wahlen normalerweise stattfinden, sehr stark vom Geld beeinflusst werden, von der Macht der Medien und von einer regelrecht mafiosen Korruption (vergessen wir nicht, dass bei den Wahlen 2001 die 61 Parlamentssitze auf Sizilien an Parteien der Koalition Berlusconis vergeben wurden ...), so wird allzu deutlich, dass, um die Demokratie zu retten und dem Wähler Gelegenheit zu geben, seine eigenen Vorstellungen einzubringen, eine gehörige Portion außerparlamentarischer Druck und in gewisser Weise auch ein ziviler Widerstand erforderlich sind, um gewaltsam den virtuosen Teufelskreis der Macht zu stören, die immer nur in ihrem Innern entsprechend den formaldemokratischen Regeln neu verteilt wird.

Wir alle wissen, dass ein solcher Standpunkt gefährlich ist, aber wir dürfen nicht vergessen, dass der Gedanke der Revolution ein unverzichtbares Erbe der sozialistischen, fortschrittlichen und anarchistischen Tradition ist. Die Linken in den »demokratischen« Ländern haben leider aufgehört, von Revolution zu sprechen, und sind heute bereit, alle Formen der gesellschaftlichen Indisziplin unter »Terrorismus« zu verbuchen, der gemeinsam bekämpft werden muss, natürlich unter Führung der USA. Der Grund dafür ist vielleicht, dass die konservativ-mediale Blase sich konsolidiert hat.

Natürlich haben wir als Demokraten die Pflicht, die demokratischen Verfassungen, die die Völker sich erkämpft haben, anzuwenden und zu verteidigen. Doch häufig erfordert diese Verteidigung subversive Handlungen, weil die Demokratie sonst ersticken würde.

Wenn die liberalen Demokratien, in denen wir leben, nicht die Kraft finden, einen heilsamen Schock zu produzieren, der ihren Bürgern die Sprache zurückgibt – wie zum Beispiel die großen Demonstrationen für den Frieden in aller Welt, die Straßenkundgebungen, die sich gegen die Meinungsmanipulation der Medien durch das Regime gerichtet haben, die heftigen gewerkschaftlichen Kämpfe, die Appelle an die religiösen Werte (der Papst ist »Pazifist«, die Regierungen, die behaupten, sie würden die christlichen Werte verteidigen, sind es nicht) –, wird der Schock letztendlich immer häufiger von außen kommen, von terroristischen Initiativen oder von Revolten in der Dritten Welt, wo die Menschen es satthaben, nur die Brosamen der Reichtümer des Planeten zu verzehren.

Nicht zuletzt wegen der verheerenden Erfahrungen der siebziger Jahre wissen wir, dass es keinen Sinn hat, sich die Revolution in den alten Begriffen als Sturm auf irgendein Winterpalais vorzustellen – nicht nur, weil wir die Gewalt aus moralischen Gründen ablehnen (gerade heute, da die Konservativen darangehen, uns zu erklären, dass die Geschichte auch mit Blut geschrieben wird), sondern in vernünftiger Einschätzung der Kräfte auf dem Schlachtfeld. Aber es gibt andere Mittel der Subversion, die nicht blutig sind und dennoch wirksam, angefangen beim Boykott der Angebote der Medienblase. Wir müssen die möglichen Schauplätze der Auseinandersetzung mit der Machtzentrale systematisch auf den Prüfstand stellen, die Gelenke, wo man Hindernisse anbringen kann, die das »normale« Funktionieren der formalen Demokratie erschweren.

Es ist viel Erfindungsreichtum und »subversive« Fantasie erforderlich, die die Grundwerte der Demokratie respektiert – das Recht jedes Einzelnen, gemeinsam mit anderen über sich selbst zu bestimmen –, ohne sich vom Fetisch der parlamentarischen Mehrheiten beherrschen zu lassen. Zu wissen, dass wir der Manipulation ausgesetzt sind, ist nur ein erster Schritt, um diese revolutionäre Verantwortung, natürlich im Sinne der besten Traditionen der Linken, zu schultern.

April 2004

ZWEITER TEIL

Wie werde ich Kommunist

Eine normale Demokratie?

In seiner *Ästhetik* von 1970 liefert Theodor W. Adorno die schärfste Definition der Avantgarde im 20. Jahrhundert, indem er feststellt, dass der Künstler nicht einfach nur Kunstwerke zu schaffen habe, sondern, im Unterschied zu früheren Epochen, das Wesen der Kunst selbst zur Diskussion stellen müsse.

Die Geste des Marcel Duchamp, der sein berühmtes *Urinoir* unter dem Titel »Brunnen« ausstellen ließ, eröffnete sichtlich diese Perspektive, genau wie der Dadaismus und mehr oder weniger ausdrücklich viele der »provokatorischen« Poetiken der ersten Hälfte des 20. Jahrhunderts.

Für die Politik in Italien, und vielleicht nicht nur in Italien, scheint die Situation heute mit der gleichen Definition erfassbar zu sein, auch wenn viele sich bemühen, zu beteuern, dass man die normalen Mechanismen der Demokratie »arbeiten lassen« sollte. Man sollte eine Regierung, wenn sie einmal gewählt wurde, bis zum Ende der gesetzlichen Amtszeit von vier, fünf oder zehn Jahren in Ruhe arbeiten lassen und sie erst nach Ablauf der Amtszeit beurteilen und, wenn nötig, auch abstrafen.

Im Grunde ist ebendas gemeint, wenn beklagt wird, dass unser System so schwer zu regieren sei, und hier wird sofort hinausposaunt, dass Verfassungsreformen das einzige Heilmittel seien. Die Sehnsucht nach »Normalität«, die man besser »Normalisierung« nennen sollte, ist vor allem denjenigen eigen, die Walter Benjamin in seinen Thesen »Über den Begriff der Geschichte« (1940) die Sieger genannt hat.

Dennoch predigen auch Politiker, die die Stimme der Opposition sein sollten und damit zu den Besiegten gehören, analoge Theorien. Sie richten sich damit gegen die verschiedenen Formen des »Ungehorsams« – »wilde« Gewerkschaften, Bewegungen, die nicht ins Bild der Parteien passen, die »Girotondi« (sie wurden 2002 oder 2003 geboren; wer erinnert sich noch an sie?)[33] –, das heißt gegen »die Straße«, die die Demokratie bedrohe, weil sie der Ausbreitung des Populismus diene.

Politiker der Linken oder solche, die sich dafür halten, haben immer behauptet, dass eine authentische Regierung sich auch gegen die unmittelbaren Präferenzen der Massen entscheiden müsse. Das ganze Gerede von der demokratischen Normalität, dass man die legal gewählten Angestellten in ihren Ämtern und für die Dauer ihrer Amtszeit »arbeiten lassen« sollte, erinnert an den berühmten philosophischen Denkspruch[34] »Wovon man nicht reden kann, darüber muss man schweigen«.

Ich weiß nicht, ob Wittgenstein mit diesem Satz eine Literatur der Praxis begründen wollte, auch wenn das nicht auszuschließen wäre, da der Horizont der Dinge, über »die man nicht sprechen kann« – die im *Tractatus* »das Mystische« sind –, auch für Wittgenstein offensichtlich eine Angelegenheit der Praxis, des Lebens, der Ethik und der Religion waren. Wir wären deshalb nicht so weit entfernt von Adorno und dem Benjamin der Thesen zur Geschichte, wenn wir daran dächten, dass das Schweigen in Aktion umschlagen sollte – in revolutionäre Aktion in gewisser Weise.

Kurz: Wer heute in Italien (in Europa und im Weltmaßstab) Politik macht oder zu machen versucht, bewegt sich zwischen schwer lösbaren Alternativen, die mit den zwei zitierten Sätzen umschrieben werden können. Einerseits erscheint es unmöglich, so zu tun, als wäre die Demokratie ein Mechanismus, den man »normal« arbeiten lassen könnte. Andererseits gelingt schwerlich, was Adorno der Kunst der Avantgarde vorschrieb oder als ihr Wesen hervorhob: Veränderungen und wirksame Aktionen zu produzieren und gleichzeitig das Wesen der Politik selbst infrage zu stellen, zu erneuern oder umzustürzen.

Wie wir wissen, haben die »Bewegungen«, auch wenn sie in den letzten Jahren eine große Rolle dabei gespielt haben, die Beteiligung der Bürger am politischen Leben in Gang zu bringen, immer noch große Schwierigkeiten, ihre Vorschläge in die Wahlkämpfe einzubringen und ihrem Engagement (des Einzelnen wie der Gruppe) Ausdruck zu verleihen, sodass sie oftmals in einem zeitlichen Rhythmus, der ihre Vergänglichkeit oder einfach nur ihren emotionalen Charakter zu bezeugen scheint, in Schweigen verfallen.

Eher das Schweigen Becketts als das des aktiven und praktischen Benjamin oder das eines Wittgenstein in (extrem) linker Lesart.

Politik und Avantgarde

So bedeutet es für mich, wenn ich davon spreche, wieder Kommunist zu werden, dass ich diesem »avantgardistischen« Ruf der Politik folge. Die Parallele zur Avantgardekunst ist: Man muss sich weigern, Politik zu machen, als wären wir in einer normalen Situation, und stattdessen hinnehmen, dass die Situation nicht normal ist. Bertolt Brecht: »Was sind das für Zeiten, wo ein Gespräch über Bäume fast ein Verbrechen ist, weil es ein Schweigen über so viele Untaten einschließt.«

Es mag sein, dass man zu keiner Zeit Kunst oder Politik machen kann, wenn man glaubt, in normalen Verhältnissen zu leben. Aber zu Beginn des vorigen Jahrhunderts war die Art, sich als Avantgarde zu empfinden, anders als die der »akademischen« Künstler, und so war auch die seelische Verfassung der Begründer des Existenzialismus, von Martin Heidegger bis zu Karl Jaspers und Karl Barth, nicht einfach die eines Menschen, der eine Arbeit erledigt oder eine Recherche weiterführt, die er von einem Vorgänger in einer Art Idealkontinuität geerbt hat (und es sei daran erinnert, dass die Philosophie für Heidegger keine Recherche ist).

Es ist vielleicht kein Zufall, dass sich auch in den Wissenschaften, wenngleich erst vor kurzem, die Theorie der Paradigmen von Thomas Kuhn[35] durchgesetzt hat – derzufolge die »harten« Wissenschaften, wie die Physik und die Kosmologie, sich nicht linear durch eine Reihe aufeinanderfolgender Problemlösungen, die kumulierbare Resultate erbringen, entwickeln, sondern »Sprünge« aufweisen, derart, dass die neuen »Etappen« wie die Geburt (ja, man muss tatsächlich »Geburt« sagen) von Paradigmen konfigurierbar sind, die sich von den vorigen unterscheiden, sodass sich die ganze Richtung ändert, auch die Me-

thoden und Kriterien der Verifizierung von Richtig und Falsch
(bei Kuhn zum Beispiel Kopernikus gegen Ptolemäus), sodass
auch diese Theorie den Geist der Apokalypse atmet, den wir an
dieser Stelle aufgreifen und beschreiben wollen.

Die künstlerischen und kulturellen Avantgarden des frühen
19. Jahrhunderts hatten mit Sicherheit eine Vorstellung von dieser »Apokalypse«. Sie wurde von den Schrecken des Ersten Weltkriegs angeheizt (Oswald Spengler schrieb seinen *Untergang des
Abendlandes* im Jahr 1918, aber das Werk spiegelte keine datier-
bare pessimistische Stimmung wider).

Was die Politik betrifft, so war der Geist der Apokalypse in
vielen revolutionären Bewegungen präsent, denen wir heute
gründlich misstrauen – seien es der Faschismus, der Nazis-
mus oder der Sowjetkommunismus. Dennoch wäre es nicht
übertrieben, wenn man sich auf jenen apokalyptischen Geist
rückbeziehen würde, um zu analysieren, warum einer wieder
Kommunist wird. Mehr noch: In Berlusconis Italien wurde erst
kürzlich wieder ein Gespenst hochgehalten, um die Wähler von
den Linksparteien fernzuhalten, und das war das Gespenst des
Kommunismus.

Wir brauchen uns nicht zu schämen, wenn wir unsere Situation in Begriffen wie »Apokalypse« denken und dementsprechend
die Wiederverwendung eines »linken« Wortes wie »Revolution« legitimieren, weil dieser Gedanke sich passgerecht auf den
Wunsch nach radikalen Veränderungen rückbezieht, der dem
europäischen Geist zu Beginn des 20. Jahrhunderts eigentüm-
lich war. Man braucht sich dessen auch nicht zu schämen, weil
viele, die vor einer Wiederauferstehung dieses Geistes warnen,
sich einfach nur auf die Aufklärung des achtzehnten Jahrhunderts berufen.

Entkleidet man diese ihres inneren eschatologischen[36] Be-
zugs – nach Maßgaben Hegels in seiner *Phänomenologie*, wo
er die Fatalität des Terrors als Exzess des politischen Rationalis-
mus erklärt –, so erweist sich der Bezug zur Aufklärung als ein
schlichter Appell an die »liberale« Vernunft, die wie jede »mode-
rate« Position vor allem von jenen bevorzugt wird, die in einem
revolutionären Prozess »etwas zu verlieren« haben.

Erfahrungen mit der italienischen Rechten

Will man die Schritte auf dem Rückweg ins kommunistische Haus – auch in chronologischer Hinsicht – nachvollziehen, so empfiehlt es sich, mit der Diskussion um den Begriff des »Regimes« zu beginnen, die die Jahre der Regierung der rechten Mitte geprägt hat.

Die Frage, ob der Gebrauch dieses Begriffs legitim sei, hat die Wege vieler italienischer Linker nach 2001 auseinanderlaufen lassen oder erneut getrennt. Sobald der Begriff verwendet wurde, wurden auch in der Linken sofort Stimmen des Widerspruchs laut. Es waren die Stimmen jener, die das Bild des Faschismus der Vorkriegsjahrzehnte im Kopf hatten und die jetzt bestritten, dass man es angesichts der Regierung Berlusconi mit einem analogen Phänomen zu tun habe. Darf man heute von einem neuen Faschismus sprechen – und das heißt von Bedingungen, die ein solches Regime abbilden?

Es sei daran erinnert, dass sich niemand mehr aufregt, wenn jemand von der christdemokratischen Vorherrschaft als von einem Regime spricht, obwohl diese Herrschaft unter vielen Aspekten sehr viel weniger ein »Regime« war als die Regierungen Berlusconis. Im Übrigen meint Regime im politischen Sprachgebrauch lediglich ein Regierungssystem, das im Vergleich mit den für gewöhnlich als liberal geltenden »geschlossener« ist, und ein vergleichbarer Charakterzug eignet der Regierung Berlusconi stärker als den diversen Regierungen der Christdemokraten.

Niemals gelang es ihnen, vielleicht auch deshalb, weil die technischen Bedingungen nicht bestanden, Radio und Fernsehen so vollständig zu kontrollieren. Auch nicht, das öffentliche Schulsystem mit solcher Skrupellosigkeit zugrunde zu richten. Nie unterwarfen sich die Christdemokraten, die aus der Widerstandsbewegung hervorgegangen waren, so vollständig der Kirche. (Immer häufiger sehnt man sich nach dem »weißen Wal«[37] und seinem langlebigen historischen Führer, Giulio Andreotti, zurück.)

Aber selbst wenn man auf Vergleiche verzichtet und den Begriff »Regime« einer Herrschaftsform vorbehält, die keinen demokratischen Regierungswechsel vorsieht, nährte Berlusconis Herrschaft über Massenmedien und Werbung (die das Leben aller Printmedien konditioniert) den übertriebenen Verdacht, dass niemals eine andere Koalition als die seine einen Wahlkampf gewinnen werde.

Es ist im April 2006 trotzdem passiert, aber unter großen Schwierigkeiten und mit riskantem Ergebnis. Und vielleicht hat man eben wegen des äußerst knappen Wahlresultats sofort wieder einen Hauch von Regime verspürt, wenn auch in anderen Termini als denen, die wir von der Regierung Berlusconi gewöhnt waren. Die von Prodi geführte Koalition hat zwar die Wahlen am 9. April 2006 gewonnen, aber ihre Mehrheit im Senat ist so winzig, dass sie fast keine Luft bekommt. Sie bewegt sich gewissermaßen auf vermintem Gebiet. Die Parteien, die sie unterstützen (mir scheint, ein Dutzend), können sie praktisch fortgesetzt erpressen oder es wenigstens androhen. Dazu kommen die einzelnen Senatoren, die Forderungen erheben, von deren Erfüllung sie ihre Zustimmung zu einzelnen Vorhaben abhängig machen.

Eine solche Mehrheit, die noch dazu ideologisch heterogen ist, erträgt keine Diskussion über ihre eigene Geschlossenheit. Das zeigte sich beim Problem der Finanzierung der Militärmission in Afghanistan, das die Mitte-links-Regierung gleich nach ihrem Amtsantritt behandeln musste.

Die Parteien der sogenannten extremen Linken, die Prodi unterstützen, hatten sich stets gegen die Mission ausgesprochen. Andere, wie die »Rifondazione Comunista«[38], haben jahrelang für einen Austritt aus der NATO plädiert. Nach ihrem Eintritt in die Regierung – als Fausto Bertinotti ins dritthöchste Staatsamt gewählt wurde[39]– votierten sie für die Mission und bezeichneten sie, ohne sich zu schämen, als »Friedensmission«. Die Italiener stünden unter Führung der UNO und im Rahmen der NATO-Verträge (der alte Verteidigungspakt der Nordatlantikstaaten!) in Afghanistan.

Die Methode der frommen Lügen, um keinen Partner der Regierungsmehrheit zu brüskieren, wurde erst kürzlich bei der Verabschiedung des Haushalts für 2007 fortgesetzt. Um das Haushaltsgesetz für die Linke verdaulich zu machen, behaupteten Kräfte aus der Regierung und die große »unabhängige« Presse, Prodi und Padoa Schioppa[40] hätten ein »bolschewistisches Gesetz« vorgelegt und ein Misstrauensvotum riskiert. Aber dieses Haushaltsgesetz hat nichts Bolschewistisches an sich. Man hat (warum eigentlich?), um ein Haushaltsloch auf einen Schlag drastisch zu stopfen (vierzehn Milliarden, etwa die Hälfte des Fehlbetrags), die Zuschüsse für die Universitäten, die Kommunen und die Länder gnadenlos zusammengestrichen und die Selbstverwaltungskörperschaften gezwungen, die Verantwortung für die Anhebung der Steuern und die Senkung der Sozialleistungen zu übernehmen. Gleichzeitig hat man die Militärausgaben für die diversen »Friedensmissionen«, in die wir auf Befehl der Vereinigten Staaten verwickelt sind, erhöht. Aber auch hier ist der Eiertanz über die angeblichen bolschewistischen Einflüsse auf das Haushaltsgesetz ein Parteienspielchen, das nur wenige geglaubt haben.

Wenn man wissen will, was die politischen Visionen der Italiener beeinflusst und warum sie der Geist der passiven Resignation beherrscht, muss man all das berücksichtigen. Die Linke – die sogenannte Linke – ist an die Regierung zurückgekehrt und hat die »Schande« der Regierung Berlusconi getilgt, aber nur um den Preis, in vieler Hinsicht nichts anderes zu tun, als die Arbeit der Rechten fortzusetzen.

Auch die Diskussion darüber, ob es angebracht ist, den »Weg der Reformen« weiterzugehen (allen voran die Reform des Wahlrechts, das die Rechten in der vorhergehenden Legislaturperiode durchgepaukt haben), zeigt nur den heuchlerischen Charakter der neuen Mehrheit. Man fragt sich, wie ernst die Unterscheidung zwischen »reformistischer« und »radikaler« Linker überhaupt gemeint ist, vor allem da Letzterer überhaupt keine Radikalität zu eigen ist. Sobald die Eventualität besteht, dass man eine Krise der Regierung Prodi provozieren könnte (und damit Neuwahlen – was allerdings eine weitere fromme Lüge ist, da das Land noch eine parlamentarische Verfassung hat), kehrt

man zurück ins Glied, beeilt sich, sein Vertrauen auszusprechen,
und versucht, das Gesicht zu wahren (aber was für ein Gesicht?),
indem man lautstark und virtuos seine abweichende Meinung
verkündet.

Regime oder nicht Regime: Wenn nicht etwas passiert, wo-
durch eine gewisse Diskontinuität erzeugt wird, ohne Katastro-
phen zu erzeugen, die keiner will (wir werden uns in Italien stets
daran erinnern, dass der Faschismus nur infolge und dank eines
verlorenen Krieges beendet wurde), ist die Zukunft der Linken –
und das heißt die Chance eine weniger ungerechte Gesellschaft
zu erzeugen – in unserem Land zum Scheitern verurteilt.

Wer wird bei den kommenden Wahlen noch Parteien wie
Rifondazione Comunista, Comunisti Italiani oder die Grünen
wählen, nachdem sie die »atlantische« Regierung unterstützt
haben? Das Projekt der Demokratischen Partei aus DS und Margherita[41] erscheint schon jetzt als wahrhaftige Auferstehung der
alten Christdemokratischen Partei. Erschwerend kommt hinzu,
dass der neue weiße Wal[42] viele ehemalige Kommunisten ge-
fressen hat und dazu ein vielfältiges Sternbild »moderater« Kräfte, die gegen jede Änderung der Machtverhältnisse im Land ein-
gestellt sind (sollten wir noch Klassenherrschaft sagen?)

Die Linke wird sehr wahrscheinlich für viele Jahre verschwunden sein.

Gespräch über Bäume

Wie soll man sich in dieser Lage noch für die Probleme, die
eine Regierung meistern muss, engagieren – die Schulprobleme,
das weit verbreitete Prekariat, das Gesundheitswesen, den wirtschaftlichen »Aufschwung«?

Nach einem Gespräch mit Castro, das mir kürzlich gewährt wurde (ich war tief berührt, hatte Fidel wenig zu sagen, außer meiner
Bewunderung für ihn und seinen Widerstand gegen den Imperialismus der USA), sprach ich in einem Artikel über die Kubani-
sierung Italiens und Europas. Ich schrieb sinngemäß Folgendes:

So wie das Embargo und die ständigen Feindseligkeiten der USA verhindern, dass Kuba eine demokratischere Entwicklung nehmen kann (die Gefahr einer Invasion und Putschversuche zwingen die Insel, in einem Klima des permanenten Ausnahmezustandes zu leben, als wäre das Land im Krieg, und damit bringen auch die Kubaner Opfer, die sie sonst nicht bringen würden), so können Italien und Europa, als »Protektorate«, die in den Horizonten des Kapitalismus unter amerikanischer Führung eingeschlossen sind, ihre Politik nicht über bestimmte Grenzen hinaus entwickeln.

Wie soll zum Beispiel eine italienische Regierung die Ausgaben für Wissenschaft und Forschung, für Schule und Universität erhöhen (das berühmte Programm von Lissabon), wenn sie die europäischen Vorgaben befolgen muss (die Regeln von Maastricht) und der internationalen Konkurrenz ausgesetzt ist, die sie zwingt, die öffentlichen Ausgaben zu reduzieren und auf jede Art von Wohlfahrt zu verzichten?

Die USA sind nicht an allem schuld, aber infolge unsere Zugehörigkeit zum atlantischen Bündnis, das uns mit dem Schreckensbild droht, ein Land der Dritten Welt zu werden, können wir keine großen Veränderungen der italienischen Politik erwarten. Resignation, Skepsis, Weiterwursteln sind die einzigen Möglichkeiten, in dieser Situation zu überleben. Der Stand der Berufspolitiker festigt sich, sie auszuwechseln ist praktisch nur im Rahmen ihrer eigenen Regeln möglich, die Demokratie (was immer man mit dem Wort verbindet, und sei es nur, dass die Wahltermine eingehalten werden) verliert an Wert, an Attraktivität, an Überzeugungskraft.

Noch einmal: Wenn das kein Regime ist – die Möglichkeiten für authentische Reformen begrenzt, die Demokratie »Protektorat« (wie stolz verkündeten die Führer der neuen Regierung, allen voran D'Alema[43], dass Italien mit seinen Militäreinsätzen in Afghanistan und im Libanon das Wohlwollen der USA erworben hätte) –, so fehlt doch nicht viel. Die Demokratie, so wie sie uns noch immer gepredigt wird (und wie sie dem Irak aufgezwungen wird), liegt offenkundig im Koma.

Wenn man unter diesen Bedingungen Politik machen oder

sich in dieser Demokratie, die sich für normal hält, an der Politik beteiligen will, dann ist das so, als ob man – um mit Brecht zu sprechen – »über Bäume redet«. So zu tun, als wäre das Regime kein solches, bedeutet, sich zum Komplizen zu machen, bedeutet, moralisch zu degenerieren, wie stets, wenn man, und sei es widerstrebend, zum Zyniker wird. Das ist genau der moralische Verfall, der viele Exponenten der Linken kaputtmacht. Schon allein der physiologische Mechanismus des ständigen Machtwechsels begünstigt (auch dort, wo er störungsfrei stattfindet) die Entstehung einer gewissen Solidarität im Innern der politischen Klasse, die sich gegen den Rest der Bürgerschaft abschottet. Freundschaftlich duzen sich der Chef der Partei X und der Partei Y, verbringen den Urlaub am gleichen Strand. Wie geht das, wenn die Politik sie zu Antipoden macht oder machen sollte?

Ich glaube, es war Guido Rossi[44], der den Palazzo Chigi[45] zur Zeit der Regierung D'Alema als »Handelsbank« bezeichnete. Ohne jene Regierung besonders an den Pranger stellen zu wollen: Der Ausspruch zeigt, dass das, was die Regierungen der damaligen Jahre miteinander verbindet, eine Neigung zum realistischen Zynismus war. Ihr gegenüber stehen nur die Einfaltspinsel, die die Wahrheit über die Politik nicht wahrhaben wollen, und die Unschuldslämmer, die ein Kind der Wahlpropaganda sind, die ihrerseits im Wesentlichen eine Angelegenheit des Marketings ist.

Es ist nicht lange her (Sommer 2005), seit die italienische linke Mitte zum wiederholten Male von einer Polemik über die »Frage der Moral« erschüttert wurde. Grund war die Beziehung zwischen den linken Demokraten, dem Konsumverband und der UNIPOL, einer großen Versicherungsgesellschaft. Der Konsumverband als Mehrheitsaktionär der Versicherung wollte die Banca Nazionale del Lavoro[46] erobern. Abgehörte Telefongespräche (einige von vielen, die in Italien, wie es scheint, ständig abgehört werden) belegten, dass Parteiführer der »Linken« und Banker, die zum Lager Berlusconis gehören, befreundet sind und zusammenarbeiten.

Man sagt: Es gibt so 'ne und solche Bankiers, so 'ne und solche

Kapitalisten. Auch linke Parteien brauchen gute Beziehungen zu Wirtschaftskreisen, sagt man. Man müsse eben die bestehende Wirtschaftsordnung respektieren, und das System habe seine eigenen moralischen Regeln. Aber wenn die Demokratie heute nur mehr eine Frage des Geldes ist (Du willst für das Abgeordnetenhaus kandidieren? Hast du eine halbe Million, oder kannst du sie besorgen?), kann man es dann noch »Moral« nennen, wenn einer die Regeln des Systems respektiert? Jede Gaunerbande hat ihre eigenen Regeln, und wenn man sie respektiert, bedeutet das nur, dass man dazugehört.

Wieder Kommunist zu werden bedeutet, sich dieser Tatsache bewusst zu werden.

Aber schütten wir nicht das Kind mit dem Bade aus? Erinnern wir uns nicht an Kuba und die totalitären Auswirkungen seiner Revolution? Und zuallererst natürlich an den wirtschaftlichen Bankrott der Mutter aller kommunistischen Revolutionen, der sowjetischen, die im Verfall des realen Sozialismus endete, da sie physiologisch unfähig war, mit den »Fortschritten« der kapitalistischen Welt Schritt zu halten – mit ihren Freiheiten, angefangen bei der Konsumfreiheit, der Religionsfreiheit, der Rockmusik?

Auch diese in sich widersprüchlichen Faktoren haben das sowjetische System unterminiert. Dass sein Sturz ohne Krieg oder blutige Revolte erfolgte, ist eine Tatsache, die man nicht vergessen sollte, wenn es darum geht, seinen ethischen Aspekt zu vergegenwärtigen. (Das Element des »Friedlichen«, und das heißt Konsumistischen, findet man übrigens auch bei anderen Revolutionen des 20. Jahrhunderts – zum Beispiel bei der Beendigung der Apartheid in Südafrika.) Die Feststellung Margaret Thatchers, der Kapitalismus sei ohne Alternative, steht vor diesem Hintergrund. Inzwischen ist sie ein Gemeinplatz der Globalisierung. Man könnte daraus eine Theorie herleiten, die nicht banal wäre, und denken, dass politische Regime und Systeme in unserer Zeit nicht dank gewaltsamer Revolutionen entstehen und zusammenbrechen (der Sturm auf das Winterpalais), sondern durch die demokratischen Mittel des »Konsums«. Regime und Regierungen, werden »verbraucht«, »verbrauchen sich« entsprechend der inneren Logik des Konsums. Entsprechend

dem Geschmack, den Erwartungen und den »Vorlieben« des
Publikums.

Vielleicht haben wir es mit einer neuen Art der Heidegger'schen
»Verwindung« zu tun. Heideggers Terminus bezeichnet den
Weg, die objektivistische Metaphysik des Westens nicht zu überwinden, da dies unmöglich sei. Man könne sie nur verwinden,
gegebenenfalls auch ironisch.

Das heißt, der Markt übernimmt schließlich auch hier das
Kommando – etwas läuft »aus dem Ruder« und macht bestimmte Institutionen überflüssig. Kuhns Modell der Paradigmen ist auch, und vielleicht in erster Linie, auf gesellschaftliche
Veränderungen anwendbar.

Kathokommunismus

Aber von wem reden wir? Ich bin gezwungen, an dieser
Stelle in die erste Person Singular zu wechseln, ohne damit Ein-
zigartigkeit zu beanspruchen, sondern nur um mich in Stellung
zu bringen und Grenzen anzudeuten, aber auch um die Tragfähigkeit meiner Ausführungen (nicht nur in individueller Hinsicht) zu erhöhen.

Wie wird man Kommunist? Ich könnte meine Geschichte
Ecce Kommu nennen, vielleicht mit einem Schuss Studentenulk.
Schwer zu sagen, und auch deshalb gehe ich es behutsam an,
ohne genau zu wissen, ob und wie es enden wird. Es ist Mitte
Oktober 2004 (wir waren es, als diese Geschichte begann), die
Repubblica [47] bringt zwei ganze Seiten über Mao und seinen lan-
gen Marsch, und ich will die Gelegenheit nicht verstreichen las-
sen, ausgerechnet mit einem solchen Tag zu beginnen.

Langer Marsch wohin und warum? Etwas überrascht sehe ich
ein, dass mir der Gedanke einer Befreiung durch einen Krieg,
für den man einen Befehlshaber braucht, seiner Dramatik wegen fremd ist. Ich dachte nicht (mehr?) daran, seit wir 1968, zum
Spaß, wenngleich im Geist nicht ganz so spielerisch, in die Berge
wanderten, um »Krieg zu spielen« und auf allen vieren zu krie-

chen. Eine Art Fortsetzung der Geländespiele, die wir in der »katholischen Aktion«[48] geübt hatten.

Jetzt ist sogar Bertinotti aus vielen guten Gründen gewaltfrei geworden. Nur einer davon kommt mir aber wirklich überzeugend vor: Wenn aufseiten der Linken jemand eine Waffe in die Hand nimmt, um eine bewaffnete Revolte zu initiieren, würde er nur weitere und schlimmere Reaktionen der Reaktionäre provozieren.

Auch diejenigen unter uns, und das sind viele, die den etwas rhetorischen und propagandistischen »Ghandismus« Bertinottis nicht teilen, glauben, dass jeder, der die Gewalt aus der Geschichte gänzlich verbannen will, zu denen gehört, denen es gut geht, die nicht wollen, dass sich etwas ändert (Benjamin!), und die sich eine mögliche soziale Transformation der Industrieländer mithilfe einer Revolution nicht vorstellen können.

Die Sache sieht etwas anders aus, wenn man nicht nur unsere Länder betrachtet, wo (außer der Mafia und der gewöhnlichen Kriminalität) alles gründlich überwacht wird. Die zuständigen Polizeiapparate sind untereinander und auch international vernetzt, und ihr oberster Führer ist die US-amerikanische Weltpolizei.

Als ich im Oktober 2004 in die USA reisen musste, war ich einer der Ersten, die den neuen Sicherheitsmaßnahmen ausgesetzt waren: digitale Fingerabdrücke, digitales Passfoto, maschinenlesbarer Reisepass, verglichen mit der Datenbank des FBI (oder der CIA). Ab morgen werden auch die Kreditkartennummern und die Steuernummern abrufbar sein, und dann kann man unsere Identität manipulieren, wie in manchen Science-Fiction-Filmen, die immer realistischer werden.

Wenn man sich also eine radikale Veränderung des imperialen Regimes, dem wir unterworfen sind, vorstellen wollte, dann müsste sie außerhalb unserer westlichen Welt beginnen.

In Form einer gewaltigen Revolution? Das Problem ist zu groß für uns, aber keiner kann es umgehen.

Gilt das, was wir im »Innern«, also in Italien, Europa und im atlantischen Raum, für unwiderlegbar halten, auch in mondialem Maßstab? Jene, die uns mahnen, wir sollten im Krieg gegen den

Terrorismus nicht zimperlich sein, vertreten mehr oder weniger diese Ansicht. Die Position ist im Grunde eine Manifestation des weltweiten Reformismus. Seine Vertreter meinen oftmals in gutem Glauben, dass man Armut und Ungleichheit nur besiegen kann, wenn der Krieg gegen den Terrorismus gewonnen und der Weltfriede wiederhergestellt ist. Deshalb seien sie für ein Engagement der »britischen« Art (Blair ist Labour) an der Seite der USA im Kampf gegen den »internationalen Terrorismus«, sei es im Irak, in Afghanistan oder im Libanon …

Da es jedoch schwer vorstellbar ist, dass dieser internationale Terrorismus jemals besiegt wird oder einen Friedensvertrag akzeptiert, wird unsere Zukunft sehr wahrscheinlich von dem »endlosen Krieg« bestimmt sein, von dem Bush unvorsichtigerweise sprach. Und ohne Sieg über den Terrorismus wird der Kampf gegen die Armut natürlich auf den Sankt Nimmerleinstag vertagt.

Der Traum von Befreiung

Man wird also wieder Kommunist, indem man mit Gründen wie diesen beginnt, die jedoch nur die zufällige Repräsentation einer allgemeinen Überprüfung der Visionen sind, die einen mehr oder weniger konstant und grundsätzlich seit den Jahren des Zweiten Weltkriegs oder, wenn man jünger ist, seit 1968, 1978, den bleiernen Jahren, begleitet haben. In diesen Visionen gab es keinen Traum von Befreiung, der durch den Umsturz der bestehenden Machtverhältnisse Wirklichkeit wurde. Wir waren deshalb lange Zeit »Reformisten«. Die Utopie, die wir kultivierten, war ein weiter Horizont, von Regeln gekennzeichnet, aber auch von Verzweiflungen.

Die »negative Dialektik« Adornos führt nicht umsonst zu einer »Theorie der Ästhetik«, die unsere Aussicht auf Emanzipation reduziert auf das »Versprechen glücklicher Stunden« in der Kunst oder der Freizeit, die von Produkten der amerikanischen Kulturindustrie beherrscht wird. Auf der Exportliste der USA

stehen Unterhaltungsprodukte aus Hollywood an erster oder
zweiter Stelle. Es besteht kein Unterschied zwischen der Kulturindustrie und der Industrie im Allgemeinen. Was in der Welt
am meisten produziert wird, ist Freizeit, auch wenn viele keine
Medikamente, kein Brot und keine Salami haben.

Wären wir wirklich so weit, dass es Brot und Salami für alle
gäbe und im Zentrum der Warenproduktion die Freizeit stün-
de, so wäre es dumpfer talibanischer Moralismus, sich darüber
zu beschweren. Wer würde eine Welt ablehnen, in der man vor-
mittags ein bisschen arbeitet – im Garten, am Computer, und
vielleicht schiebt man mit der Hand ein paar leichte Dinge hin
und her –, am Nachmittag trifft man sich mit Freunden, liest
gemeinsam ein Buch, hört oder komponiert etwas Musik, und
schließlich wird ein wenig über Politik geplaudert (aber was für
Politik? Die Verschönerung der Anlagen, die Frage, ob mehr se-
rielle Musik gesendet werden sollte oder mehr Chopin?) – kurz
gesagt: eine Welt, in der man nicht mehr durch die Arbeitsteilung
und die Strukturen politischer Herrschaft entfremdet wäre?

Man sieht: auch darüber gehen die Ansichten auseinander.
Viele meinen – die vielen, die den Theoretikern der Postmoderne vorwerfen, sie würden das Wesen des Menschen vergessen –, eine solche Welt wäre gleichbedeutend mit einer Verblödung der Massen, denn wo das Tragische fehle, würde auch die
Freiheit verschwinden. Ich bedaure den Missakkord mit den
Tragikern, aber wir stehen gewiss noch nicht am Vortag des In-
krafttretens der Freiheit oder der postmodernen Verblödung,
was auch immer.

Wenn man freilich dem Ideal verhaftet bleibt, dass die Menschheit leiden müsse, um den Namen zu verdienen, erzeugt man
Positionen, die häufig nur allzu weit von denen entfernt sind,
die man erreichen will, zum Beispiel im Bereich der Schmerzbe-
kämpfung. Man gelangt an den Punkt, wo man sagt, dass Medikamente gegen die Depression verweigert werden können, da die
lange (und kostspielige) Reise in die »Tiefe« – oje! – notwendig
sei, um die Persönlichkeit wirklich zu befreien.

Viele sogenannte therapeutische Gemeinschaften kampieren
auf diesem Feld. Zufrieden sind sie erst, wenn es ihnen gelingt,

den Süchtigen zur »Konversion« zu bewegen, obwohl es ausrei-
chen würde, ihn zu therapieren, indem man gelegentlich eine
Ersatzdroge verabreicht und die Prohibition lockert.

Authentizität

Aber: Misstrauen wir dem »Reformismus« nicht auch deshalb (intern und international in seinen diversen Formen), weil
ihm die »Tiefe« und die »Authentizität« fehlt, und das heißt,
mehr aus modernen als aus postmodernen Gründen, die uns
näher an die Tragiker jedweder Observanz heranrücken?

Warum akzeptieren wir nicht einfach die Pax Americana
mit allen ihren positiven Implikationen (wir haben sie so lange
genossen, die NATO hat uns beschirmt und uns erlaubt, viele
nützliche Dinge zu kaufen, die Zweitwohnung zum Beispiel, und
unsere Sexualität auszuleben) und natürlich auch mit ihren negativen Konsequenzen (das Leben hat sich in einer Informations-
medien-Konsumblase verdünnisiert)?

Was hält uns ab von der Hoffnung, die ich vorhin erwähnt
habe, dass die Welt eines Tages befriedet sein könnte und eine
Entwicklungspolitik möglich wäre, die die Ursachen der Gewalt
schrittweise eliminieren würde?

Ist das, was uns davon abhält, lediglich eine Projektion reiner
oder unreiner Wünsche von gestern, an die wir im Grunde nicht
mehr glauben, weil wir klüger, sensibler und besser informiert
sind als früher?

Das anzunehmen hieße, die Philosophie Heideggers zu akzeptieren und dann zu dekretieren, dass Platon und Aristoteles,
Descartes und Hegel arme Dummköpfe gewesen seien, weil sie
nicht wussten, was Heidegger und wir endlich erkannt haben.

Nein, es ist etwas »passiert«, was uns verändert hat, während
um uns herum die Welt verändert wurde, nämlich das, was Hegel
»Erfahrung« nannte (die er zu Recht als eine dialektische Bewegung ansah). Wir können sogar denen recht geben, die auf dem
Katastrophencharakter des 11. September insistieren, der nach

amerikanischer Rhetorik der letzten Jahre »alles geändert« habe
und nach dem nichts mehr so sei wie früher.

Das Ereignis, durch das alles geändert wurde, war vielleicht
nicht einmal der Angriff auf die Zwillingstürme in Manhattan.
Es hat etwas mit dem zu tun, was diesen Angriff vorbereitet hat
(und was Gore Vidal sehr anschaulich in seinem Buch *The Decline and Fall of the American Empire* darstellt[49]). Wollte man es
punktgenau mit einem Vorfall identifizieren, so müsste man es
in dem terroristischen Attentat von Oklahoma suchen, wo ein
amerikanischer Bürger das Gebäude der Bundesbehörden in die
Luft sprengte und dabei 168 Menschen tötete.

Oklahoma City ist für den 11. September emblematisch. Es
verweist auf einen Krankheitsherd im Innern der Supermacht,
der natürlich auf die Tat eines Verrückten heruntergestuft werden kann, so wie auch das Massaker, das stattfand, als die Zwillingstürme zerfielen. Der Attentäter von Oklahoma selbst hat
seine Tat als Vergeltung für das Massaker von Waco bezeichnet. Wer sich daran erinnert, weiß, dass dort eine große Anzahl
Squatter[50] ermordet wurde, die beschlossen hatten, ohne jeden
Kontakt zur Gesellschaft zu leben. Wahrscheinlich wollten sie
keine Steuern bezahlen oder kein Gas und keinen Strom, aber
es gibt keinen Hinweis, dass sie einen bewaffneten Aufstand
planten. Sie sollten, soweit wir wissen, zur Vernunft gebracht
und der Disziplin einer Gesellschaft unterworfen werden, die
sich von jedem bedroht fühlt, der einfach nur ihren Lebensstan-
dard, ihre Erwartungen und ihre Konsumideale nicht teilt.

Der Vorfall in Waco zeigt beispielhaft, wenn auch negativ, was
eine spätmoderne Gesellschaft sein sollte: ein Ort, wo verschiedene Lebensentwürfe unabhängig von den Kosten möglich sind
(zum Beispiel die Strom- und Gaskosten der Squatter-Kommune),
die man nur mit dem Ziel zu multiplizieren braucht (zunächst
in wirtschaftlicher, dann aber auch in allgemeiner menschlicher
Hinsicht), alle »zur Vernunft« zu bringen.

Will sagen: Wenn wir unsere sozialen Bindungen nicht etwas
elastischer gestalten, sind wir zu einem »Krieg ohne Ende« verurteilt, wie Bush ihn schon angekündigt hat und wie er mit dem
Überfall auf den Irak bereits begonnen wurde.

Die guten Gründe des alten Marx

Was haben diese Gedanken damit zu tun, dass einer wieder Kommunist wird? In all den Jahren, in denen wir den atlantischen Reformismus (jener, der von den Positionen vieler ehrlicher »westlicher« Demokraten inspiriert war) mitgemacht haben, hätten wir solche skandalösen Verallgemeinerungen abgelehnt.

Was haben Waco und Oklahoma City mit den Problemen der westlichen Gesellschaft zu tun? Was mit der Sicherheitsfrage in einem Augenblick, da die Auflösung der »Werte« – angefangen bei der Familie bis hin, warum auch nicht, zum »Vaterland« – unsere Welt immer regelloser und zugleich geschlossener macht und deshalb bedrohlicher?

Die Ereignisse, die wir erwähnt haben – Waco, Oklahoma, der 11. September –, sind in die neuen Sicherheitsmaßnahmen eingeflossen, die wir erleben, wenn wir in die USA oder nach Italien reisen wollen (zum Beispiel der digitale Fingerabdruck). Vor allem infolge ihrer unwiderstehlichen Transparenz ist die Zirkulation personenbezogener Daten inzwischen erheblich größer, als es mit den Strukturen des Dominiums und der sozialen Kontrolle vereinbar wäre, da die Kommunikationsmedien massiv ausgetrickst und manipuliert werden, um die Unmenge an Informationen und Desinformationen zu horten, die eine Konsumgesellschaft braucht.

Das wird sich fortsetzen mit dem vorläufig noch hinreichend »revolutionären« Internet. Auch wenn dieser Informationsverbund eine Trennung zwischen denen, die »surfen«, und den informatischen Analphabeten zur Folge hat und somit eine neue Form der sozialen Ausgrenzung mit sich bringt, so haben sich doch viele soziale Bewegungen der letzten Jahre erst mithilfe des Web entwickeln können.

Das Netz ist wie ein »Pharmakon« ein Mittel der Emanzipation und zugleich ein Gift. Seine schädlichen Auswirkungen scheinen sich sogar noch zu intensivieren. Regierungen, aber auch private Firmen erfinden Falschmeldungen und setzen sie in die Welt, um die elektronische Kommunikation, vielleicht unter dem Vorwand der Pädophilie, zu kontrollieren und zu disziplinieren.

Dennoch: Der Wunsch, wieder Kommunist zu werden, wird nicht so sehr durch Waco und den 11. September mit seinen neuen Sicherheitsmaßnahmen, die uns von allen Seiten einschränken, bestimmt. Wesentlicher ist die Tatsache, dass die Macht des Kapitalismus – nennen wir ihn so, denn wir müssen auch die Terminologie unserer Klassiker wieder aufgreifen – unerträglich geworden ist und den Aufstand des Weltproletariats hervorrufen wird (oder kann), den Marx vorhergesagt hat, weil er nicht mehr über das Geheimnis und die vielen Masken verfüge, die ihn jahrhundertelang geschützt hätten.

»Wir sind kein Geschichtsmaterial mehr«, sagt Nietzsche.

Das ist fundamental, da sich in der Welt des grenzenlosen ökonomischen Wettbewerbs eine »indianische Wildnis« breitgemacht hat, die das System des Dominiums in seiner ganzen Grausamkeit bloßstellt. Hierin liegt ganz und gar die Bedeutung des Nihilismus, wie Nietzsche ihn meint. Es verschwinden die »Werte«, und das heißt die Maskierungen, die Gute wie Böse während unserer gesamten »prähistorischen« Epoche getragen und das Gewissen der Reichen beruhigt haben.

Die Massen, die, zum Teil auch via Internet, nicht nur im Westen, sondern auf der ganzen Welt gegen den Überfall auf den Irak demonstriert haben, sind objektiv das neue Proletariat, auch wenn sie kein Klassenbewusstsein haben und eine Klasse im Marx'schen Sinne nicht sind.

Neues Proletariat?

Über welche Massen und über welchen Kommunismus reden wir? Über die Massen, die das alte Proletariat von Marx repräsentieren und die nicht mehr die Arbeiterklasse sind, die mit Klassenbewusstsein ausgestattet und deshalb Trägerin eines Projektes ist? (Aber auf wessen Veranlassung? Selbst in den orthodoxesten Marxismen war das Projekt eine Sache der Intellektuellen, auch wenn sie organisch[51] waren, also das Projekt einer mit Autorität ausgestatteten Elite).

Das Proletariat, an das Marx dachte, sind andere geworden. Sie ähneln denen, die Toni Negri die Multitude nennt, auch wenn sie in seiner Vorstellung noch eine mythische Aura haben, die man besser beiseitelässt.

Das Proletariat sind heute diejenigen, deren Armut darin besteht, dass sie sich um die Lebensgrundlagen des Planeten kümmern müssen. Die Zahl der »Kapitalisten« wird dagegen, wie Marx vorhergesagt hat, immer kleiner. Sie verschwenden die natürlichen Ressourcen, ohne zu berücksichtigen, dass sie bald verschwunden sein werden. Der berühmte Pentagon-Bericht über die zukünftigen Verteilungskriege rechnet damit, dass im Jahr 2020 um Luft und Wasser gekämpft wird.

Das »Gattungswesen«, dessen Träger nach Marx das revolutionäre Proletariat war, ist für uns der innerste Kern des Menschlichen – vielleicht das »nackte Leben«, von dem Agamben[52] spricht. Die Armen der Welt sind heute diejenigen, die am meisten und vielleicht auch bei vollem Bewusstsein spüren, dass die Erde zerfällt, wenn die gegenwärtigen Konsumrhythmen in der »entwickelten« Welt beibehalten werden, denn sie sind bereits ausgeschlossen, leben am Rand des Existenzminimums, verfügen über ein Minimum der Ressourcen und nehmen nicht an der großen Verschwendung teil, die die reiche Welt charakterisiert.

Ein solches »minimalistisches« Proletariat, das nicht den harten Weg der Herausbildung eines Klassenbewusstseins gegangen ist, besitzt auch kein Projekt, das von einem Zentralkomitee oder einer Elite geführt werden könnte. Es ist die reine anarchistische Masse mit allen negativen, aber auch positiven Bedeutungen des Begriffs. Wir sprechen also in Bezug auf diese Masse von einem Kommunismus, der in erster Linie die bestehenden Eigentumsverhältnisse ablehnt und von tiefem Misstrauen in die Institutionen und die Staatlichkeit erfüllt ist.

Ist das Populismus?

Vielleicht auch das. Wir sind nicht die ständigen Oberlehrer derjenigen, die das Gefühl haben, sie müssten revoltieren. Wir können nur versuchen, an ihrer Revolte teilzunehmen, und versuchen, an der Formation von Modellen des Zusammenlebens mitzuwirken, die ihren Bedürfnissen entsprechen. Wenn überhaupt, so stellt sich in Anbetracht des neuen anarchischen Kommunismus eigener Art die alte Frage: Was machen wir – wir, ich – mit den Verdammten dieser Erde?

Es wird ja wohl kein Verrat sein, wenn sich jemand ihrer Bewegung anzuschließen versucht – jemand, der nicht nur ein Intellektueller ist wie wir alle, die solche Sachen schreiben und lesen, sondern auch ein Bürger des Imperiums aus einer marginalen Weltgegend und einer zänkischen Klasse, wie es die Intellektuellen eben sind, die mehr oder weniger parasitär in den Zwischenräumen einer üppigen Gesellschaft leben.

Ex oriente salus[53]?

Warten wir immer noch auf die Ankunft der Barbaren? Es gibt zu diesem Thema ein Gedicht von Kavafis. Sogar einer wie Nietzsche erwartete sie.

Warten wir also auf ein revolutionäres Subjekt, das aus der Dritten, Vierten oder Fünften Welt sprießen soll, weil wir es bei uns in den deindustrialisierten Gesellschaften nicht mehr sehen können?

Historismus

Zwei »historistische« Referenzen harmonieren nicht miteinander in dem, was ich zu sagen versuche (was wir zu sagen versuchen): vor allem das Gefühl (oder mehr als ein Gefühl), dass in unserer entwickelten Welt der Keim für einen neuen Faschismus oder einen neuen Totalitarismus steckt. Es erwächst aus den Sicherheitsmaßnahmen, die die Politik der amerikanischen Supermacht bewegen und beherrschen, die alle ihre Alliierten betreffen und die Hoffnungen der konservativ-demokratisch-liberalen Aufklärer Lügen strafen, die anzunehmen scheinen, dass man die Welt nur von bösen Diktatoren wie Saddam befreien müsse und dass man sie nur unter dem Regelwerk eines freien, von Barmherzigkeit gezügelten Marktes vereinen müsse, um die Bedingungen für ein menschenwürdiges Zusammenleben zu schaffen.

Daneben können wir feststellen, dass die Hoffnungen auf größeren Wohlstand in der Metropole des Imperiums, den Vereinigten Staaten, nach einem Jahrzehnt der Globalisierung und des Liberalismus bis heute nicht erfüllt worden sind. Arbeitslosigkeit und enorm wachsende Einkommensunterschiede zwischen Arm und Reich können wohl kaum den bösen Terroristen des 11. September angelastet werden. Das amerikanische Modell kann schwerlich der übrigen »entwickelten« Welt als Beispiel für eine nachahmenswerte Politik und Gesellschaftsordnung empfohlen werden, und erst recht kann man es in der aktuellen Situation nicht mit der Waffe in der Hand verteidigen.

Wir können nicht mehr denken (und das ist der »historistische« Aspekt der Sache), dass der Kapitalismus westlicher Machart ein einigermaßen sicherer Weg zur Schaffung von Wohlstand und Freiheit ist. Nicht eines der zwei Ziele ist erreichbar, auch wenn die Apologeten einer notwendigen Verteidigung der westlichen Werte auf Kosten der Bürgerrechte es glauben machen wollen.

Der zweite »historistische« Bezug kommt von außerhalb des amerikanisierten Westens. In jener Welt bereiten sich hervorragende Gegner unseres (des amerikanischen) Lebensstils vor. China entwickelt sich (wie man so sagt) zu einer prosperierenden Gesellschaft, produziert und konsumiert fast schon im westlichen Stil und entzieht uns zu diesem Zweck einige unverzichtbare Ressourcen, allen voran die Energie.

Afrika vor allem rebelliert gegen die Bedingungen des Lebens (und des Sterbens, zum Beispiel wegen fehlender Arzneimittel), denen der Kontinent bis jetzt unterworfen ist.

In beiden Fällen ist unsere Zukunft absolut dunkel. Abgesehen von den Gefahren im Innern stehen uns eine wachsende Gewalt und eine Intensivierung der Einschränkungen aller Art ins Haus, von der Militarisierung der Gesellschaften im engeren Sinne bis zur Rationierung der Lebensmittel, die auf uns zukommt, weil Ressourcen knapp werden.

Anarcho-Kommunismus?

Aber wozu Kommunismus und Anarchismus, und sei es in ihren aktualisierten Konnotationen, die ich angedeutet habe?

Sie sind gewiss ungeeignet, ein gesellschaftliches Projekt positiv zu definieren. Vielmehr scheinen sie zwei idealtypische Bewegungen zu sein, um die gegenwärtige Ordnung zu stürzen, und dazu wollen wir sie verwenden. Denn da nicht ersichtlich ist, wie das herrschende System die Risiken, die sich aus der aktuellen Situation ergeben, vermeiden könnte, ist es vor allem erforderlich, Prozesse zur Zerstörung der Ordnung in Gang zu setzen.

Es handelt sich, wie man sieht, um die gleiche Frage, die der italienischen Linken von der rechten Mehrheit immer vorgehalten wird: Ihr sagt immer nur Nein, ihr habt keine Projekte. Eine Linke, die nicht furchtsam und kompromisslerisch wäre, dürfte mit gutem Recht antworten: Unser Projekt besteht darin, die Rechte und ihre gegen die Freiheit gerichteten Gesetze zu zerschlagen. Danach sehen wir weiter.

Wenn ich in Chile bin und mit meinen zumeist bürgerlichen Bekannten rede, erzählen sie mir, Allende sei von der Reaktion vor allem deswegen gestürzt worden, weil er bedrohlich wirkte. Er habe die Strukturen und Mentalitäten zu sehr angegriffen, um toleriert zu werden. Wenn ich es recht bedenke, ist die Rechte stets bemüht, ihre Ruhe zu haben, da sie stets für das Bewahren ist. Wer in einer Gesellschaft, die auf alten (ewigen?) Säulen ruht, wie Privateigentum, Familie, ödipaler Herrschaft (du hast zu gehorchen, bis du selbst in der Lage bist – als Vater, Dienstherr, Chef –, anderen, die den gleichen Stil pflegen und das gleiche Schicksal haben, zu befehlen), an die Macht kommt und eine neue Ordnung aufbauen will, muss das Bestehende durcheinanderbringen, und wenn das an sich schon beunruhigend ist, bietet es auch keine Garantien für die Zukunft, weil es noch dazu neu ist.

Wer eine »Familie hat«, braucht Vertrauen. Er muss an die Zukunft denken – die eigene und vielleicht auch die der Kinder und Enkel. Der Grund, warum seit Menschengedenken nie ein linkes Regime auf »demokratische Weise« installiert werden konnte, ist dieses soziale Prinzip des Beharrungsvermögens.

Wir brauchen, wie Brecht sagte, keine Helden und auch keine Propheten. Wenn sie unbewaffnet sind, nehmen sie ein trauriges Ende wie Jesus, und wenn sie bewaffnet sind, bereiten sie es anderen. Die Evolution und auch die Theorie der Paradigmen verändern nicht »linear«, sondern indem einer kommt, der näher an die Wahrheit heranreicht als die anderen – Kopernikus statt Ptolemäus, Kant statt Thomas (aber da wird es schon schwierig ...).

Historische Entwicklung und Paradigmenwechsel können unterschiedlich interpretiert und gewendet werden. Sie können zeigen, dass die gewaltsame Revolution keine Zukunft hat und dass sie vielmehr in einem quasi »natürlichen« Rhythmus, aber sehr langsam, eine neue Hegemonie erschaffen muss, die es ihr erlaubt, sogar durch Wahlen die Macht zu erringen. Sie können aber auch zur Kenntnis nehmen, dass es keine ewigen Wahrheiten gibt, die die Geschichte transzendieren und deshalb besagen: *Auctoritas non veritas facit legem.*[54]

Auch die bedeutend weniger metaphysischen Problematiken des Reformismus und des politischen Radikalismus beinhalten letztlich Alternativen wie diese. Beide Lösungen sind abstoßend wie alle allzu reinlichen Lösungen. Wir wollen nicht abwarten, dass sich die Dinge am Ende von selbst richten und in der Zwischenzeit der Ungerechtigkeit beiwohnen, ohne zu reagieren. Und wir wollen uns auch nicht der Vorstellung hingeben, dass die Geschichte stets ein Kampf zwischen blinden Mächten ist und sonst nichts – eine Abfolge von Erfolgen und Niederlagen ohne jede Bedeutung oder rationale Legitimation.

Das Schauspiel der vielen Laizisten in der italienischen Kultur, die in letzter Zeit zum Glauben übertraten (seit Bush zum zweiten Mal die Wahl gewann, indem er sich zu den »Werten« des christlichen Erbes und des »freien« Westens bekannte), hat seine Ursachen auch in der Unentschiedenheit der italienischen Linken und des liberalen Denkens gegenüber der Aufklärung, sofern es nicht nur die Folge eines grenzenlosen Opportunismus ist.

Auch eine nicht irrationale Vision der Geschichte kann nicht auf Legitimationen metaphysischer Art verzichten – das Wesen des Menschlichen und was daraus hervorgeht an Ethik, Rechten und Gerechtigkeit. Doch dieses Wesen führt sämtliche überlieferten Laster der Metaphysik mit sich (verstanden als Glaube an »objektive« Strukturen und universell erkennbarer Bestandteil des Seins), vor allem ihren Autoritarismus, den wir seit Platon kennen.

Wir erleben eine bislang unbekannte (und unnatürliche?) Allianz zwischen Neuaufklärern und Neokonservativen (oder Theo-Kons, wie sie sich seit der Wiederentdeckung ihrer traditionellen Bindung an die römische Kirche nennen). Sogar Habermas wird neuerdings von Bischöfen, Kardinälen und auch Päpsten mit Anwandlungen von Respekt zitiert, weil er von »menschlicher Natur« spricht. Gemeint sind dabei nicht im aristotelischen, sondern im klerikalthomistischen Sinne die Grenzen dessen, was man auf dem Gebiet der Genmanipulation und der Technik darf und was moralisch nicht vertretbar ist.

Ich habe Habermas stets bewundert, sowohl wegen seiner Theorie des kommunikativen Handelns (auch wenn sie eine etwas erstarrte und neukantianische Version einer ursprünglich Heidegger'schen Hermeneutik ist) als auch wegen seiner eindeutig linken Positionen.

Seine Grenze schien mir jedoch stets in seinen selbstverständlichen rationalistischen Voraussetzungen zu liegen. Als Modell einer nicht verblendeten und ungehinderten Kommunikation nahm er die »neutrale« Situation des wissenschaftlichen Labors oder das leuchtende Bewusstsein der Philosophen, Sozialwissenschaftler oder Zentralkomitees an, so als ob das Einverständnis, das im täglichen Leben erzielt wird und das aus der Gesellschaft etwas Ähnliches wie eine »Gemeinschaft« macht, sich auf die Tatsache gründete, dass wir alle eine vorausgesetzte rationale Wahrheit erreichen könnten – eine objektive, die, wie gesagt, der menschlichen »Natur« eingeschrieben wäre.

Wenn ich mit linken Liberalen diskutiere, bemerke ich ohne große Schwierigkeit immer wieder diesen rationalistischen Geist. Er weht vor allem dort, wo die Wahrheit der Wirtschafts-

wissenschaftler gegen die Ansprüche der Gewerkschaften, der
Volksmassen, der Arbeitslosen und der Emarginierten aller Art
durchgesetzt werden soll. Ein Politiker, heißt es, ist einer, der
das macht, was »richtig ist«, auch gegen die unmittelbaren Forderungen seiner Wähler. Der Parlamentarier vertritt das ganze
Volk und ist »nur seinem Gewissen verpflichtet«.

Menschenrechte

Dieser rationalistische Hintergrund ist noch gefährlicher,
wenn man sich nicht darauf beschränkt, die Regeln der Ökonomie (die die Regeln des »Marktes« sind) auf die Wohlstands-
erwartungen der »weniger Glücklichen« anzuwenden, sondern
auf das Thema der allgemeingültigen Werte. Das betrifft vor
allem die in keinem Regelwerk niedergelegten Menschenrechte
oder andere allgemein formulierte Rechte, die man lesen kann,
wie es einem gefällt. Da wird das Recht auf Leben zu einem
Verbot der Geburtenkontrolle, auch wenn das Risiko der Über-
bevölkerung besteht und ein Teil der Bevölkerung dadurch zu
einem Leben in Armut und Krankheit verurteilt ist. Oder man
leitet aus demselben Recht das Verbot genetischer Eingriffe ab,
auch wenn diese eindeutig durch das Risiko schwerer, genetisch
verursachter Krankheiten indiziert sind.

Rationalistisch (Gott verzeihe uns den Gebrauch dieses Ad-
jektivs) ist auch der Vorwand, mit Waffengewalt in aller Welt die
Demokratie einzuführen, wie es im Irak geschieht. Es ist gerade
dieser Krieg, der viele von uns davon überzeugt hat, dass das
Thema Menschenrechte (und unsere Pflicht als »freie« Völker,
die Verletzung dieser Rechte, wo immer sie stattfindet, zu bekämpfen) mit größter Vorsicht zu behandeln ist.

Die erste Vorsichtsmaßnahme besteht offensichtlich darin,
dass man das angebliche Recht und die Pflicht zur »humanitären
Einmischung« nicht allzu ernst nehmen darf, wenn es von der
Bush-Administration oder generell von den westlichen Regierungen ausgeht.

Ohne die Schuldgefühle des Westens gegenüber dem Rest der Welt zu übertreiben (aber warum sollten wir den Kolonialismus vergessen, den Sklavenhandel mit Schwarzafrika, der das Gesicht ganzer Kontinente verändert hat, den militärischen Imperialismus und dann den kommerziellen, dessen Früchte auch wir noch heute genießen?) – das, was wir heute ganz klar sehen, ist eine schamlose Lüge (und auch der heuchlerische Hinweis, dass das Laster noch stets die Tugend gefördert habe, ist kein Trost). Wir sind Zeuge eines widerwärtigen und abstoßenden Appells an Werte, die vom militärisch-industriellen Komplex und seinen Exponenten ausgerufen werden – vom SIM (»Stato Imperialista delle Multinazionali«[55], ein Begriff, der zusammen mit den Roten Brigaden begraben wurde, dessen Bedeutung aber heute noch aktuell ist) –, um jede Art von Gewalt, einschließlich Folter, zu legitimieren, die der SIM für geboten hält, um seine Macht zu verteidigen und zu entwickeln.

Irgendwann fällt jeder einmal vom Pferd und denkt um. Für viele von uns war der Krieg gegen den Irak der Moment der Rückkehr zum Kommunismus.

Historismus, sagen viele. Wir brauchen uns keine Sorgen zu machen und uns nicht zu schämen, dass wir nicht früher angefangen haben umzudenken. Es steht in keiner metaphysischen Schrift geschrieben, dass der Kapitalismus schlecht ist, zum Krieg führt und dass Karl Marx recht hat. Wenn ich von einer Re-Konversion spreche, dann deshalb, weil ich eine Nähe zum Kommunismus wiedergefunden habe, die ich als katholischer Jugendlicher und Mitglied der Konferenz von San Vincenzo[56] kannte.

Wenn ich zuweilen ein Fresspaket zu einer Alten unterm Dach brachte, hatte ich Gewissensbisse, weil ich nicht für die Revolution war und das Ausbeutersystem am Leben erhielt, das die Sozialhilfe erforderlich machte und es mir erlaubte, mir beim Herrn Verdienste zu erwerben. Als ich aufhörte, Fresspakete unters Dach zu bringen, und stattdessen anfing, mich politisch zu betätigen (so gut, wie ich es damals konnte: die Schüler meiner Arbeiterbildungsanstalt zu den Demonstrationen gegen die Apartheid begleiten, Ketten vor bestreikten Fabriken bilden …), sympathisierte ich mit den Kommunisten, denn ich teilte ihren systemkritischen Geist. Aber es blieb stets die Frage nach dem realen Kommunismus und den Gewalttaten der Stalin'schen Diktatur offen.

Viele meiner linken Freunde sind noch heute ehrlich entsetzt, wenn ich mich darüber verwundere, wie bereitwillig die alten Kommunisten die Positionen des Westens gegenüber dem großen, schrecklichen sowjetischen Experiment vertraten. Keiner oder fast keiner bezweifelt, dass Stalin ein blutrünstiger Diktator war, der nur vom Willen zur Macht angetrieben wurde. Mehr oder weniger dieselbe Haltung legen Linke oder Pseudolinke in ihrem Urteil über Castro an den Tag. Die Berichte der *Repubblica* (Organ der regierungstreuen reformistischen Linken) sind, wie es scheint, Abschriften der Flugblätter der CIA-Propaganda.

Castro ist seit fast fünfzig Jahren an der Macht, und es heißt, es habe siebenhundert Anschläge auf sein Leben gegeben, ferner die missglückte Invasion an der Schweinebucht und den Boykott, der die Insel lange Zeit von allen Handelsbeziehungen abgeschnitten hat.

Die Kubaner leben in einem Zustand der Gleichheit, aber es ist eine Gleichheit in Armut. Ich glaube, all das erklärt einen Teil der castristischen Repression, ohne sie zu rechtfertigen, abgesehen davon, dass die Repression von unseren »fortschrittlichen« Medien oft übertrieben dargestellt wird.

Es gibt eine Analogie zwischen Castro und Stalin, die man bedenken muss. Der Sozialismus in einem Land war und ist schwerlich ohne harte Disziplin nach Innen zu verteidigen, und das war, wenn ich es richtig verstehe, auch der Gegensatz zwischen Stalin und Trotzki. Er ist auch nicht haltbar ohne beschleunigte industrielle Entwicklung, die unerträgliche Arbeitsbedingungen zur Folge hat.

Die eigentliche Schuld (oder der Irrtum) Stalins war, dass er den Mythos des wirtschaftlichen Wachstums übernahm. Es ist der gleiche Mythos, der heute überall auf der Welt den Linken um die Ohren geschlagen wird, wenn man mit den Zahlen des Bruttoinlandsprodukts wedelt und fordert, die Märkte noch weiter zu öffnen und die »Übertreibungen« des Sozialstaates zu reduzieren.

Die Schrecktümer[57] des realen Kommunismus

Die ganze Wahrheit: Als Philosoph des »schwachen Denkens« und als Christ bin ich wieder Kommunist geworden. Wenn Stalin sich der Transformation der sowjetischen Gesellschaft gewidmet hätte, ohne sie wie ein Wahnsinniger zu industrialisieren, hätte er zwar nicht den Wettlauf ins All in den fünfziger Jahren gewonnen, und er hätte auch nicht die Armeen Hitlers aus eigener Kraft zurückgeschlagen, aber er hätte viele Leben gerettet.

Wir beginnen gerade eben, die Notwendigkeit zu entdecken, dass wir einen Kommunismus ohne den Mythos des wirtschaftlichen Wachstums brauchen, auch ohne den damit verbundenen Glauben an eine »wissenschaftlich« garantierte sozialistische Wirtschaft – gerade jetzt, in einer Welt, in der das Wachstum uns zu strangulieren beginnt.

Ich weiß wohl, dass die Irrtümer und Schrecken des realen sowjetischen Kommunismus und danach auch des chinesischen nicht gänzlich mit dem noch immer »metaphysischen« Charakter der Marx'schen Theorie erklärt werden können. Dennoch fällt es nicht schwer, zu bemerken, dass das sowjetische Regime auch eine Folge des Marxismus war, der als dogmatische Philosophie der Geschichte der Emanzipation aufgefasst wurde. Marx plus Lenin und Stalin kann man höchstens mit einem Hegel vergleichen, der – wie Marx es ja auch vorschlug – auf die Füße gestellt und eine Realität wird, die aus reiner und simpler idealistischer Philosophie besteht.

Deshalb konnte Adorno entgegen der These Hegels, nur das Ganze sei Wahrheit, auch sagen, »das Ganze ist das Falsche«[58]. Die Wahrheit ist der Feind jeder offenen Gesellschaft (das meint auch Popper, der nur nicht den Mut hat, es offen auszudrücken, und deshalb davon spricht, dass man sich der Wahrheit nähere, indem man falsche Annahmen auf unbestimmte Weise falsifiziere) oder, einfacher, jeder Demokratie, denn wenn es in der Politik Wahrheit gäbe und wenn es eine wahre Ordnung gäbe, die man nur anzuwenden brauchte, dann würde es keinen Sinn haben, zu wählen. Dann müsste man sich den Nobelpreisträgern, Weisen und Päpsten anvertrauen.

Was Letztere betrifft, so haben diese stets die Demokratie abgelehnt und sie nur als kleineres Übel akzeptiert, um zu verhindern, dass die Menschen sich gegenseitig umbringen. Pascal hat aus demselben Grund die erbliche Monarchie akzeptiert, um zu vermeiden, dass jeder Tod eines Königs einen Bürgerkrieg auslöst. Gustavo Bontadini, der große katholische Gelehrte in den Jahren des Faschismus und der Nachkriegszeit, sagte einmal, die Kirche spricht von Freiheit, wenn sie in der Minderheit ist, und von Wahrheit, wenn sie die Macht hat. In Italien haben wir momentan die Situation Nummer zwei, dank der Hilfe vieler »gläubiger Atheisten«.

Schwaches Denken, Nihilismus

Ist es wirklich möglich, eine linke politische Position auf die Philosophie des schwachen Denkens oder, klarer gesagt, des Nihilismus zu gründen (im Sinne von inspirieren, motivieren)? Die zum Beispiel ein für allemal auf eine metaphysische Konzeption der Wahrheit verzichtet?

Ich habe mir oft überlegt, dass mein religiös-philosophisch-politischer Weg sich am Ende in einem Satz zusammenfassen ließe:

Von San Vincenzo zu San Vincenzo.

Der philosophische Nihilismus, zu dem ich mich bekenne – der nicht notwendig Verzweiflung ausdrückt und nicht negativ oder pessimistisch ist, sondern so etwas wie der aktive Nihilismus Nietzsches sein will (ja, der mit dem Übermenschen) –, bringt eine große Distanz zur politischen Fortschrittsrhetorik und auch zur Demokratie mit sich. Er entzieht sich der Alternative »Friss oder stirb!« und bedeutet die bewusste Entscheidung für eine Randposition.

Nicht (mehr) an Wahlen teilnehmen, höchstens noch zur

Wahl gehen wie jedermann (weil ich nichts Besseres zu tun habe), die Reden der Politiker und Kommentatoren nur noch, wie man so sagt, mit der Beißzange anfassen, sich stattdessen an politischen Initiativen im Nahbereich beteiligen, im Wohnviertel, kleine genossenschaftliche Zusammenschlüsse auf Gegenseitigkeit, Verbraucherschutz.

Für mich selbst habe ich solche Positionen immer als mönchische Entscheidungen bezeichnet. Die einzige Möglichkeit, gegenüber den Armen keine Gewissensbisse zu empfinden, ist die Armut …

Andererseits, wenn noch ein minderer Bruder[59] Jesu sich in einer Favela in Rio niederlässt, wird die Zahl der Armen nur um einen vergrößert. Wenn hingegen mein Freund, der liberale Senator, Ingenieur und Kapitalist, in derselben Favela eine kleine Fabrik aufmacht und einem Dutzend Leuten, die verzweifelt sind, Arbeit gibt, sind sie vielleicht etwas zufriedener. Es ist die Alternative, die ich in einem Brief des (zu dem Zeitpunkt schon?) verrückten Nietzsche fand. Er schrieb im Januar 1889 aus Turin an Burckhardt:

»Lieber Herr Professor, zuletzt wäre ich sehr viel lieber Basler Professor als Gott, aber ich habe es nicht gewagt, meinen Privat-Egoismus so weit zu treiben, um seinetwegen die Erschaffung der Welt zu unterlassen.«[60]

Oder auch Machiavelli: Der Fürst darf nicht an sich denken. Er muss das tun, was erforderlich ist, um seinen Staat zu erhalten und zu vergrößern.

Der mönchische Weg erfordert offensichtlich einen tiefen Glauben an die andere Welt. Nicht jedes Heil liegt im Hier und Heute, und die einzige Chance, das Hier zu verbessern, ist vielleicht der Glaube an das Dort. Wenn ich kein Mönch werde, dann eben deshalb, weil ich etwas für die anderen erreichen will (brasilianische Favela oder Universität). Vielleicht auch nur, weil mir die Politik und das Leben gefallen. Sie geben meinem Dasein Geschmack (oder Sinn?). Etwa so: kein Keuschheitsgelübde, kein Armutseifer, kein Kadavergehorsam. Aber das sind feinsinnige Probleme; eine Art Snobismus und eine exzessive Beschäftigung mit meinem Innenleben.

Selbst wenn ich wollte, ein Armer unter Armen könnte ich nicht sein. Wer seine Seele retten möchte, wird sie verlieren. Nur wer bereit ist, sich zu verlieren, wird gerettet werden. Auch diese Entscheidung – »Nehmen, was kommt«, wie man in Piemont über die Straßenmädchen sagt – erfordert Vertrauen in die Vorsehung. Wenn es einen Gott gibt, wird er sich darum kümmern. Meine Seele ist nicht grundsätzlich mir anvertraut. Und falls der Gott, den es gibt, nicht in totaler Selbstgenügsamkeit in einer Welt jenseits des Uranus kreist, sondern dreifaltig ist – also, wie es die bessere Kirche versteht, ein Leben führt, das ihn aus sich herausträgt, und zudem uns einen Sohn schickt, der uns helfen soll, den Geist zu verwirklichen (den Hegels und Joachims[61]), oder wie sagte Jesus? Er ist bei uns, wenn wir uns in Nächstenliebe versammeln (darin liegt der Sinn, sich in Seinem Namen zu versammeln), oder er ist bei den anderen, die sich an mich wenden – dann nimmt man »was kommt«, indem man dem »Ruf« folgt, der auf den Weg der Rettung führt.

Hierin liegt der Historismus, den ich als »Schwacher« bekenne: Wir befinden uns nicht in einer Situation, wo es nur den Menschen gibt, wie Sartre in seinem Essay über den Existenzialismus als Humanismus schreibt. Wir befinden uns in einer Situation, wo sich grundsätzlich das Sein abspielt. Heidegger hat mit seinem »Brief über den Humanismus« von 1946[62] recht, mit dem er Sartre antwortet.

Das Sein ist nichts Transzendentes. Es ist die Geschichte der Menschheit – das, was sie erreicht hat, was sie geschaffen hat, an Traditionen, Erinnerungen, Institutionen und Kunstwerken. Es geht um die »anderen« im verständlichsten Sinn des Wortes. Nicht nur die anderen, die gesiegt und tiefe Spuren hinterlassen haben. Seit dem Anfang des Christentums geht es vor allem um diejenigen, die gehofft und verloren haben und gerade, weil sie es nicht »geschafft« haben, überleben sollten. Die Vergangenheit ist noch offen. Darin liegt die Aufgabe, die uns anvertraut ist.

Vielleicht hat Heidegger, wie er sich in *Sein und Zeit* äußert, auch Benjamin etwas zu sagen. Es ist Blochs *Prinzip Hoffnung*.

Die Beharrlichkeit, mit der er die Aufgabe verfolgt, das noch nicht Gedachte in der Geschichte des Seins zu denken, die von vielen einer Art Mystizismus Heideggers zugeschrieben wird, ist vielleicht auch eine andere Art und Weise, uns an unsere Pflicht zu erinnern, die Verlierer im Spiel der Geschichte wieder ins Gedächtnis zu rufen. So wie es Benjamin tut.

Die italienische Linke und die Demokratie

Doch die Möglichkeit, ihre Politik auf den Nihilismus zu gründen, und das heißt auf das Christentum als Botschaft der *kenosis* – der Inkarnation Gottes, der sich seiner Gewalt entäußert und weltlich wird (ich werde hier nicht zu Girard[63] abschweifen) –, hatte nie eine große oder auch nur hinreichende Anziehungskraft für die Kultur der italienischen Linken.

Ich habe einmal sogar zum strikt persönlichen Gebrauch die These entwickelt – indem ich den bekannten Standpunkt Croces[64] umkehrte, demzufolge die Wissenschaft Müll sei, oder zumindest fast (kein theoretisches Wissen, nur Technik und praktische Anwendung) –, dass das tragische Denken der Italiener sie zu der Annahme verführen würde, der Müll sei die wahre Wissenschaft (Cacciari[65], dessen höchste philosophische Einsicht das nachdenkliche Motto ist: »Es gibt keine Lösung.«)

Die italienische Linke scheint das historische Scheitern der 68er-Bewegung zum Paradigma für den Lauf der Welt ernannt zu haben und damit zum Existenzialismus der fünfziger Jahre zurückgekehrt zu sein. Von daher rührt ihr Unverständnis für jedweden postmodernen Diskurs, denn das, was uns wirklich weiterbringt und was ausgebaut werden muss, ist die Trauer um die gescheiterte Revolution.

Jeder, der glaubt, es gebe beim gegenwärtigen Stand der Auflösung des Humanismus, die eine Folge der technischen Transformation unserer Existenz ist – Massengeschmack und Verlust jeder Art von »Aura« –, einen möglichen Weg zur Emanzipation, ist ein Komplize des triumphalen Neokapitalismus. Der Benjamin, den die »tragische« Linke liebt und dem sie nachfolgt, ist

mit Sicherheit nicht der des Aufsatzes *Das Kunstwerk im Zeitalter seiner technischen Reproduzierbarkeit*[66]. Der nämlich sah
in der Auflösung der Aura und des sakralen Charakters des
Kunstwerks (das leicht auf seinen Warencharakter beschränkt
werden kann, wie man an den Banksafes sieht, in denen sich die
Kunstwerke stapeln, die fast nie ausgestellt werden, weil die Versicherung zu teuer wäre) einen Schritt auf dem Weg zum Aufbau
einer nicht entfremdeten Gesellschaft.

Natürlich darf man nicht übersehen, dass das tragische
Denken gute Gründe hat. Jedenfalls insoweit: Für ein emanzi-
patorisches Programm, das im kommunistischen Horizont gedacht wird, mag es zu liberal-liberalistisch sein, die nicht-hu-
manistischen Tendenzen der Postmoderne zu entdämonisieren
und sich ihnen zu öffnen oder dies auch nur in Erwägung zu
ziehen. Wir brauchen eine gehörige Portion Anarchismus, um
die von der postmodernen Vermassung ausgehende Zersetzung
der kleinbürgerlichen Subjektivität und das Programm für eine
nicht entfremdete Gesellschaft im Sinne der Kommunisten in
Einklang zu bringen.

Im Übrigen können auch ein nicht dogmatischer Philosoph
und eine nicht dogmatische Philosophie sich nicht einbilden, sie
könnten das in eine klare und überzeugende Theorie bringen.
Sie müssen vielmehr die Wünsche nach Freiheit und Emanzipation, so wie sie geäußert werden, nach und nach reflektieren. In
derart offener Problematisierung ist auch die unlösbare Frage
nach dem Verhältnis zwischen »Parteien« (Institutionen, Parla-
menten und Mechanismen der formalen Demokratie) und »Bewegungen« zu reflektieren.

Die einzige Hoffnung, die wir haben, die beherrschte Gesellschaft zu ändern, in die wir verwickelt sind und die uns einge-
lullt hat, ist »der Aufstand der Massen«. Der aber realisiert sich
nicht in Wahlsiegen, die in formaldemokratischen Verfahren er-
rungen werden. Eine der Lehren, die wir aus dem Irakkrieg ziehen dürfen, ist im Übrigen die: Die Demokratie erkämpft man
nur mit der Gewalt der Waffen.

Wenn wir sagen, dass die Französische Revolution ein ent-
scheidendes Ereignis für die Entstehung moderner und weniger

autoritärer Gesellschaften war, so sagen wir dasselbe: Eine konstitutionelle Demokratie gründet man nicht, ohne den König zu enthaupten, auch wenn dieser Königsmord mehr oder weniger literarisch aufzufassen ist.

Niemand wagt es heute, über die unbedingt erforderliche Revolution zu reden, aus der eine authentische Demokratie nur hervorgehen kann – auch kein Linker (vor allem kein Linker – die Rechten betonen lauthals im Namen von Georg Bush ihr Recht, Bagdad zu bombardieren). Nehmen wir als Beispiel Venezuela: Chávez hat bis jetzt keine Köpfe abgeschnitten und die Regeln der formalen Demokratie respektiert. Er hat sogar einen Volksentscheid über seine Kompetenzen akzeptiert.

Aber wenn man die venezolanische Gesellschaft nur etwas kennt, muss man zur Kenntnis nehmen, dass es absurd wäre, die Transformationsprozesse zu ignorieren, die erforderlich sind, um »das Volk« in die Lage zu versetzen, seine Vertreter und Beamten demokratisch zu wählen.

Auch in Italien scheint die Mehrheit, die jetzt Prodi an die Macht gebracht hat, noch lange nicht von ihrer Fernsehabhängigkeit frei zu sein, auf die Berlusconi seit langem gesetzt hat. Es ist nicht leicht, sich vom Berlusconi'schen Schwachsinn frei zu machen. Gewiss, wir haben das Wahlrecht, und wir können uns einreden, dass es vielleicht keine Unterschleife geben wird (bei der Wahl von George Bush in den USA hat es sie ohne Zweifel gegeben). Aber wie kann man von Chancengleichheit sprechen, wenn die Mittel ungleich verteilt sind und die Wahlergebnisse von den Geldern abhängen, die die einzelnen Parteien investieren können?

Es wird in Italien, wenn es um die angebliche politische Anmaßung der Richter und Staatsanwälte geht, viel darüber geredet, dass man die Aufgabe, unsere Demokratie zu schützen, nicht der Autorität der Justiz überlassen dürfe. Andererseits scheinen deren Maßnahmen (beziehungsweise die demokratisch legitimierten Gesetze) inzwischen das letzte Mittel zu sein, um das Machtsystem zu korrigieren, das völlig in den Händen derer sich befindet, die über die finanziellen Mittel verfügen, die man für einen Wahlkampf braucht. Sie sind, mehr noch, sogar der Be-

weis für die Richtigkeit der von Montesquieu angedachten Gewaltenteilung.

Das Aufbegehren eines Teils der rechten Mehrheit, das jedes
Mal laut wird, wenn die Magistratur ihre Pflicht tut, indem sie
versucht, den Gesetzen Geltung zu verschaffen (und zwar immer nur in einer Richtung, behauptet Berlusconi – aber sind
daran nur die Richter schuld?), zeigt uns, dass nach Ansicht derer, denen die wirtschaftliche und politische Macht gehört, die
Gewaltenteilung nur eine Lizenz ist, auf die Gesetze zu pfeifen.
Wenn das die »Normalität« der Beziehungen zwischen den drei
Gewalten ist, die man sucht, dann ist die Demokratie nicht zu
retten. Dann erwürgt man sie.

Nun sind auch wir versucht, das an sich verwerfliche Mittel
der Korruption, die den Parteien und Regierungen der Linken
häufig und nicht einmal zu Unrecht vorgeworfen wird, für eine
Form der Revolution zu halten. Hat nicht der brasilianische
Präsident Lula in den vergangenen Jahren die Stimmen un-
entschiedener Abgeordneter oder solcher, die seine Reform-
pläne ablehnten, gekauft oder von seinen Unterstützern kaufen
lassen?

Sollte so etwas passiert sein, so dürften wir ohne Heuchelei
behaupten, dass dieses Mittel zwar illegal war, jedoch moralisch
und politisch legitim. Lulas Schachzug war darauf gerichtet, die
bestehende Machtsituation zu stören, und also ein revolutionärer Akt wie der Sturm auf das Winterpalais – wenn auch zum
Glück nicht so blutig wie eine bewaffnete Revolution.

Was sagen wir nun aber über den Skandal der italienischen
Linken, die sich, wie es scheint, die finanziellen Mittel für ihre
Politik mit zweifelhaften Transaktionen zu beschaffen versucht?
Man spricht von Bankgeschäften und politisch fragwürdigen
Beziehungen zu dieser oder jener Person der Welt des Kapitals.
Was man dieser Art von »Revolution« vorhalten muss, ist die
Tatsache, dass sie nicht revolutionär genug ist. Einerseits fehlt
ihr ein Projekt für eine gesellschaftliche Alternative, andererseits
erzeugt ebendieses Fehlen Parteiführer, die innerlich »Refor-
misten« sind.

In den Salons der Finanzwelt, wo sie verkehren, um deren

Sachwalter abzusetzen, gleichen sie sich dem Geschmack, der Moral und dem Leben dieser Welt an. So verpassen sie die Chance, die Macht durch das »normale« Mittel der Wahlsiege zu erobern.

Korrupte Demokratie

Es gibt keine Heiligen, sagt man. Keine Hoffnung, und es scheint auch unmöglich zu sein, auf eine Klasse revolutionärer Heiliger zu hoffen (tatsächlich besteht die einzige, die man in gewissen Weltgegenden trifft, aus Leuten wie Khomeini, Bin Laden, Pol Pot und ähnlichen Phantasmen), wenn man die blutigen Erfolge sieht, die sie im Allgemeinen erzielen. Also arrangiert man sich mit dem Reformismus und allen seinen Widersprüchen. Man hofft darauf, doch ein paar sozialistische Elemente in eine Gesellschaft einzubauen, die nur kapitalistisch sein kann und die einem nur leidtun kann.

Das, was infolge so vieler Ärgernisse und der Überlegungen, die sich daran knüpfen, immer mehr in eine tiefe Krise gerät, ist der Glaube an die Demokratie. Sie erscheint als die korrupteste, wenn auch maßvollste Einrichtung zum Erhalt des kapitalistischen Systems, in dem wir leben. Korrumpierbare Korrumpiererin nenne ich sie, weil sie eine so hinterhältige Art hat, einen zu überreden, dass sie das einzige System sei, in dem es eine Hoffnung auf Leben gäbe; das nicht einmal so übel wäre, gäbe es nicht gleichzeitig gewisse Gefahren für das Zusammenleben, die wir nicht überwinden können, wenn wir das System nicht infrage stellen.

Die italienische Geschichte der letzten Jahre ist ein hinreichender Beleg dafür, dass das System nicht stabil ist. Es hat eine innere Neigung – eine sehr vitale, wie es scheint –, seine eigenen Voraussetzungen, seine Freiheitsversprechen und seinen Einsatz für die Menschenrechte zu verschlechtern. Selbst die Verfassungsänderungen, die von den gemäßigten Parteien ausgehen, haben eine Rücknahme der Freiheitsgarantien zum Ziel

und liquidieren schrittweise die Gewaltenteilung. Im Namen der
Effizienz der inneren Sicherheit, zugegeben. Aber auch wenn
das stimmen sollte, hätten wir darin eine Bestätigung für die Behauptung, dass das System dazu neigte sich auf natürliche Weise
zu verschlechtern.

Die Gefahrenabwehr gegen tatsächliche oder vermeintliche
Terroristen, gegen das organisierte Verbrechen (das weniger)
und die gemeine Kriminalität scheint jede Verschärfung der
Disziplin und sozialen Kontrolle zu rechtfertigen. Die Reformisten sollten diese – im Übrigen vorhersehbare – Tendenz des
demokratischen Systems (des besten aller schlechten, wie Chur-
chill zu sagen pflegte), zu degenerieren und seinen Totalitarismus immer weniger zu verschleiern, stärker diskutieren und infrage stellen.

Nehmen wir zum Beispiel die Äußerungen von Sergio Chiamparino, eines der Führer der reformistischen Linken, der mithilfe einer breiten Allianz zum Oberbürgermeister von Turin
gewählt wurde. Chiamparino sprach kürzlich über seine Zeit in
der kommunistischen Jugend, seine jugendlichen Sympathien
für den außerparlamentarischen Extremismus, sogar seine kur-
ze Militanz bei Potere Operaio[67]. In seinen Erklärungen findet
man keine Spur der Ereignisse, die seinen Wechsel erklären
könnten. Er betrachtet seine jetzigen Positionen anscheinend
als einleuchtende Konsequenz seines Erwachsenwerdens, so wie
man es in allen bürgerlichen Zeitungen lesen kann: Am Ende
siegt immer der gesunde Menschenverstand. Es ist ganz normal,
dass der junge Brandstifter, wenn er älter wird, bei der Feuer-
wehr endet.

Sogar Benedikt XVI. erklärt in seiner Enzyklika *Deus caritas
est*, es sei natürlich, dass der Kommunismus der primitiven früh-
christlichen Gemeinschaften später weniger radikalen Formen
des Gemeinwesens Platz gemacht habe, die das Privateigentum
respektieren und ihre Caritas auf das Verteilen von Almosen
beschränken.

Natürlich akzeptieren unsere »linken« Reformisten keine so
simplen Erklärungen, wie wir sie notgedrungen bei Chiamparino lesen müssen. Aber ihr stärkstes Argument besteht noch

immer in der Feststellung, dass »die Wahlen in der Mitte gewonnen werden«. Das heißt, dass die linke Linke in Italien (und in Europa überhaupt) nicht darauf hoffen kann, eines Tages die Mehrheit zu erringen.

Dass keine politische Kraft diese realistische Einschränkung einfach ignorieren kann, ist klar. Letzten Endes hat jedoch auch die viel geschmähte Frage nach der politischen Identität ihr Gewicht. Warum eigentlich sollte man Wahlen gewinnen?

Themen wie Gleichheit (und also Erbrecht) zum Beispiel, Trennung von Staat und Kirche oder größere Themen wie die außenpolitischen Positionen, die man einnehmen sollte, alles Dinge, die die zwei Stimmblöcke (und auch die einzelnen Parteien, die dazugehören) charakterisieren und unterscheidbar machen könnten, werden mehr oder weniger im Halbschatten belassen. Das führt dazu, dass auch ausdrückliche Versprechungen, die die Schulpolitik, den Wohnungsbau, die Bürgerrechte betreffen, unwahrscheinlich werden, da sie eng damit zusammenhängen, wie wir die grundlegenden großen Fragen behandeln.

Natürlich setzt schon allein die »atlantische Bündnistreue«, die auch in der Linken niemand zur Diskussion stellt – keine ausländischen Investoren abschrecken, vor allem aus den USA –, der Wirtschaftspolitik Grenzen, die infolgedessen mit der Sozialpolitik, die man anstrebt, nicht kompatibel ist.

Reformismus und Ende der Politik

Die wahren Reformisten grinsen, wenn man sagt, die reformistische Linke gebe langsam den Geist auf, aber es stimmt. Die Weisheit der Reformisten vom Schlage eines Chiamparino ist in Wirklichkeit eine Alterserscheinung – eine Spenglerische Art von »Untergang des Abendlands«, die natürlich nicht nur die Parteien der Linken befällt, in ihnen jedoch besonders sichtbar ist, da sie im Unterschied zu anderen Parteien immer nur von einem fast religiös motivierten Enthusiasmus gelebt haben (erinnern wir uns an die zwei Kirchen, von denen man in Italien sprach, der katholischen und der kommunistischen).

Heute findet man in sämtlichen Parteibüros nur noch mehr oder weniger fähige und kompetente Funktionäre und Praktikanten, die solche werden wollen, häufig ohne Bezahlung. Die Demokratie durchzieht die Masse mit einem nicht immer notwendigen Kapillarsystem. Die Kosten der Parteiapparate sind unverhältnismäßig gestiegen, zugleich aber wurde auch die Möglichkeit, als Parteikarrierist auf lokaler Ebene anzufangen, multipliziert.

Die Parteiapparate bestehen aus politisch administrativem Personal, das hauptberuflich zumeist aus dem öffentlichen Dienst stammt, sein Geld somit dort verdient. Andererseits werden die Stellen auf politischen Druck vergeben und nicht auf dem Dienstweg. Die Stärke einer Parteiführung besteht somit in der Möglichkeit, diese Arbeitsplätze zu vergeben und zu nehmen. Die Entscheidungen der satzungsmäßigen Organe bis hin zur Aufstellung der Wahllisten (die rigide gehandhabt werden, seit der Wähler nicht mehr zwischen verschiedenen Kandidaten auf einer Liste entscheiden kann) hängen völlig von ihnen ab.

Ein solches Erscheinungsbild garantiert natürlich die radikalste Entideologisierung der Politik. Das Ergebnis davon ist, dass das politische Personal – die Elite, die auf allen Ebenen der Gesellschaft regiert – weder für ideologische Kohärenz eine Garantie bietet, noch, was offensichtlich ist, für administrative Effizienz, denn um die zu erreichen, bräuchte es eine unabhängige Bürokratie.

Wenn man dann noch berücksichtigt, dass der politische Einfluss bei der Stellenbesetzung die großen Bereiche der mehr oder weniger staatlichen Betriebe betrifft – der RAI[68] (vor allem), des Bankwesens, der verschiedenen Wirtschaftsbereiche mit gemischten Eigentumsverhältnissen –, dann erkennt man, wie schädlich dieses System sein kann, das auf wirtschaftliche Effizienz und unternehmerische Freiheit angewiesen ist (Banken und Genossenschaften sollen Gewinn erwirtschaften), aber auch ideologische Kriterien braucht (und wenn es am Ende einfach nur ein Minimum an ethischer Sauberkeit wäre).

Wie die neuen bürokratischen Eliten der Parteien, so die Wähler, die sie unterstützen. Auch sie sind weitgehend entideologisiert und »glauben nicht mehr daran«. Die einzige politische Kraft, die noch die Vogelscheuche der Ideologie aufstellt, ist – keineswegs verwunderlich – die Rechte. Sie appelliert an das Misstrauen der Bürger gegen jede Art von Programm, das Verantwortung zeigt, Ideale, ethische Erwägungen und Aussicht auf Veränderungen.

Die Bürokratisierung der Parteien ist zugleich Ursache und Wirkung dieser allgemeinen Korruption der öffentlichen Meinung. Mit »allgemein« beziehe ich mich nicht nur auf Italien, wobei dieses Land jedoch den Lauf der Dinge antizipiert (zum Beispiel hinsichtlich der enormen Bedeutung der Massenmedien, vor allem des Fernsehens, für die politische Auseinandersetzung).

Die Rechte hat die letzten Wahlen im April 2006 verloren, aber die linke Mitte, angeführt von Prodi, hat sie nur knapp gewonnen. Noch dazu mit einem Programm, das bei realistischer Betrachtung zu wenige Unterschiede gegenüber der Rechten aufweist. Schon die Regierung Berlusconi hat den Abzug der italienischen Truppen aus dem Irak mehrfach versprochen, während wir jetzt an einer neuen »Friedensmission« vor der Küste des Libanon teilnehmen.

Tatsache ist: Abgesehen von PACS[69] (sollte es stimmen, dass als lösbares linkes Projekt nur die Homosexualität übrig bleibt?) und der gewiss zentralen Frage der öffentlichen Schulen kann die Regierung Prodi keine Wunder vollbringen. Vor allem nicht, was die internationale Positionierung Italiens betrifft. Wir sind insoweit eine US-amerikanische Kolonie. In Aviano[70] (und anderen Orten des Staatsgebiets) lagern nicht nur Personen, die mit stillschweigendem Einverständnis unserer Behörden von der CIA auf italienischen Straßen aufgegriffen und als Terroristen behandelt werden, sondern auch die Atomwaffen der NATO, die nicht dem Zugriff der italienischen Regierung unterliegen.

Im Rahmen der geltenden Verträge bildet die Zugehörigkeit zur Europäischen Union nur eine weitere Fessel für unsere Wirtschaft. Auf jeden Fall, wenn man kein anderes Heilmittel für die ökonomischen Schwierigkeiten kennt als die Marktfreiheit, und das heißt gegenwärtig Restrukturierung der Industrien ohne sozialen Fallschirm in der Hoffnung, dass der Markt uns letzten Endes (?) retten möge.

Das Marx'sche Gespenst

Es stimmt. Die Initialzündung für die Rückkehr zu dem, was man einmal war – die Rückkehr zum Kommunismus –, mag bisher nur als Erinnerung an eine Alternative erschienen sein, der man sentimental verbunden bleibt: als Erinnerung an eine zu früh aufgegebene Utopie, zu der man in allgemeinen Krisenzeiten (wie momentan) glaubt zurückkehren zu müssen.

Die Anrufung des »Gespenstes«, das zuzeiten von Marx bereits in Europa umging und das heute wortwörtlich gespenstisch ist, hat jedoch nicht nur den Sinn, den Bankrott der heilenden Kräfte des Kapitalismus und der Marktwirtschaft zur Kenntnis zu nehmen.

Im Übrigen braucht dieser letzte Punkt wahrscheinlich keine großen Argumente. Die Marktwirtschaftler geben selbst zu, dass der Markt die Unterstützung der öffentlichen Hände braucht, um zu funktionieren. Vielleicht hängen also die Mitstreiter der Marktpartei in gleicher Weise am Markt, wie wir den Kommunismus als Orientierung beschwören.

Was beiden zugrunde liegt, hat die Bedeutung einer Inspiration. Auch der Markt braucht etwas anderes als sich selbst. Er braucht die Unterstützung der öffentlichen Hände, um zu funktionieren. Die Marktwirtschaft wäre damit ebenfalls eine Utopie, wenn man so will.

Vom Kommunismus wollen wir uns hier nur den Aspekt des Idealen wieder aneignen (jetzt, da der real existierende Kommunismus mit der UdSSR und Maos China tot ist), das also, was eine Gesellschaft in Aussicht stellt, die frei ist von Herrschaft und deshalb von Privateigentum.

Heißt das, dass wir eine verstaatlichte Ökonomie wollen, die einer Bürokratie wie in der Sowjetunion anvertraut wird?

Nach den Erfahrungen der Stalin-Jahre und der folgenden Zeit kann niemand mehr guten Glaubens den Kommunismus mit seinem derart deformierten Bild identifizieren. Was immer auch die Gründe für jene Deformation gewesen sein mögen, kann dahingestellt bleiben.

Unserer Ansicht nach war es der Anspruch, mit der industriellen Entwicklung der westlichen Welt Schritt halten zu können, der die Illusion verstärkte, dass die staatlichen Strukturen das beste Mittel seien, die Warenproduktion zu organisieren, statt die Bestrebungen für ein Ende der kapitalistischen Herrschaft zu verwirklichen.

Es ist jedoch offenkundig, dass man die damaligen Erfahrungen nicht nur als zufälligen Irrtum abtun kann.

Das heißt, es handelt sich darum, den Kommunismus als Ideal einer gerechten Gesellschaft neu zu denken, die jedoch nicht als perfekte Gesellschaft gedacht werden kann, die vollendet ist, sodass weitere Veränderungen und alle von der gesellschaftlichen Basis mit demokratischen Mitteln betriebenen Erneuerungen ausgeschlossen werden können.

Eine gerechte Gesellschaft ist nie eine perfekte Gesellschaft. Im Gegenteil. Die gesellschaftlichen Konflikte müssen als unterschiedliche Meinungen über den einzuschlagenden Weg ausgetragen werden. Die Interessen sind nicht notwendigerweise alle die gleichen. Die entscheidenden Faktoren der Herrschaft sind weder die Klassenunterschiede noch der Reichtum, noch die Macht, die aus dem Besitz hervorgeht.

Wenn wir in der industrialisierten westlichen Welt den Kommunismus nicht als Schmähbegriff benutzen, wie es die Rechte tut, um die Gemäßigten zu erschrecken, dann meinen wir vor allem dieses Ideal. Und wenn wir den Kapitalismus und seine Strukturen kritisieren, dann nicht, weil wir meinen, dass eine kommunistische Regierung die Wirtschaft besser instand halten würde (ohne zyklische Krisen, ohne Arbeitslosigkeit usw.).

Wir denken an eine fundamental andere Ökonomie, die einer wachsenden Bevölkerung ein »gutes« Leben sichern könnte. Der

Idealkommunismus lehnt den (angeblich wissenschaftlichen)
Ökonomismus ab, der die marxistisch-sowjetische Formel des
Kommunismus begleitet hat. Nur wenn der Kommunismus das
Fortschrittsideal erbt, das mit der wirtschaftlichen Entwicklung
verknüpft ist (heute als Bruttoinlandsprodukt definiert), wird
er totalitär und disziplinatorisch. Das hätte man voraussehen
können. Man hätte diesen Irrtum auch schon im Europa des
19. Jahrhunderts verstehen und begehen können.

Heute, da gerade die grenzenlose Ausbeutung der Ressourcen
der Erde darauf gerichtet zu sein scheint, das menschliche Leben
zu zerstören, ist der Irrtum nicht mehr verzeihlich. Die Chancen
und die Notwendigkeit, einen freiheitlichen Kommunismus zu
entwickeln, verlaufen analog zu der Erkenntnis, dass es Grenzen
des Wachstums und eine Differenz zwischen Lebensqualität und
ökonomischer Produktivität gibt.

Man moniert natürlich, dass eine solche These ausgerechnet
in den »entwickelten« Weltregionen aufgestellt wird, wo Waren-
überfluss und Konsumphantasmagorien inzwischen grenzenlos
sind. Die Länder der Dritten Welt oder »auf dem Weg der Entwicklung«, wie man verschämt sagt, können den Widerwillen
der Satten und Lasterhaften nicht begreifen. Auch sie wollen Au-
tos, Kühlschränke, Unterhaltungsstücke, Computer.

Die Bürger der westlichen Welt haben jedoch die Aufgabe,
allen, auch ihnen, das Problem des Überlebens vor Augen zu
halten, was damit vergleichbar ist, in der Postmoderne anzu-
kommen, ohne die »modernen« Revolutionen durchzumachen,
die wir in Europa kennengelernt haben. Was wir ihnen hingegen
nicht weismachen und selbst nicht glauben dürfen, ist, dass die
»Segnungen« des Kapitalismus sich nach und nach auch auf die
Dritte Welt ausdehnen könnten.

Grundsätzliche Erwägungen schließen diese Möglichkeit
aus: die bevorstehende Erschöpfung der Ressourcen und die
Tatsache, dass der Kapitalismus nur mit öffentlicher Unterstützung und durch Krieg überleben kann. Der »endlose Krieg«,
den Bush ausgerufen hat, ist nicht nur Schuld der bösen Terroristen, vor denen wir uns angeblich verteidigen müssen, sondern
»Normalzustand«.

Es gibt die vorerst sehr vage Hoffnung, dass uns die Entwicklung neuer und erneuerbarer Energiequellen zu geringen Preisen aus der gegenwärtigen Krise helfen könnte, doch auch eventuelle technisch-wissenschaftliche Neuheiten unterliegen stets den Gesetzen des Privateigentums. Man denke nur an die Informatik, wo die Verfügbarkeit über Wissen und Entdeckungen tendenziell Gemeineigentum sein könnte, wo sich jedoch zwecks Verteidigung der Patente und des geistigen Eigentums an der Software die Vermarktung durchsetzt. Genau wie im Gesundheitswesen, wo die Medikamente auch nicht allen zur Verfügung stehen, die sie benötigen.

Fehlen wirklich die Projekte?

Wie wollen wir nun eine kommunistische Welt dieser Art konkret aufbauen, die also die Bedingungen für ein »gutes« Leben anpeilt und es andererseits nicht vom »Wachstum« abhängig macht?

Meinen wir tatsächlich, dass uns die Ideen, Projekte und anwendbaren institutionellen Vorstellungen dafür fehlen?

Mir scheint, die weltweite Linke hat seit dem Ende des Sowjetkommunismus in Wahrheit eine ungeheure Flut von Projekten produziert, die nie ernsthaft entwickelt werden konnten, da es zu den Eigenheiten der Gesellschaften im Turbokapitalismus gehört, auf »kurzfristige« Erfordernisse zu reagieren.

Der Finanzbedarf der Weltwirtschaft und das Tempo der Kommunikationsflüsse (keine Ähnlichkeit mit den Brieftauben, die den Reichtum der Fugger begründeten) haben eine Situation geschaffen, in der nur die tägliche Wertsteigerung der Aktienpakete verschiedener Marktsubjekte zählt. Wie soll man da Pläne zur langfristigen Transformation der Steuerungsmittel ernst nehmen?

Die sogenannte Tobin-Steuer[71] verfolgte ebenden Zweck, diesen Rhythmus zu verlangsamen, doch niemand hat es bisher gewagt, sie in großem Maßstab anzuwenden, da sie »wirtschaft-

liche« Schäden hervorrufen würde. Die Investitionsverluste
würden die Steuereinnahmen überschreiten. Es scheint, dass die
Welt und die Wirtschaftsmächte, die sie beherrschen, erst einen
heftigen Schock benötigen, bevor sie ihre Einstellung ändern.

Roberto Mangabeira Unger[72], ein Professor der Law School in
Harvard, der die Frage einer »linken« politisch-ökonomischen
Neuordnung in etlichen Studien untersucht hat, spricht in der
Hinsicht ausdrücklich von der Notwendigkeit einer Krise des
kapitalistischen Systems, bevor gewisse Veränderungen stattfinden können, auch wenn er sich die Krise nicht wünscht. Bleibt
diese erforderliche Krise aus, so müsste man in kleinen Schritten voranschreiten und aus den Erfahrungen lernen; versuchen,
den Mechanismus zu reparieren, ohne alles abzuschalten.

Aus dem gleichen Grund (wir erinnern uns an Schillers *Briefe
über die ästhetische Erziehung*[73], in denen er vor dem gleichen
Problem stand: den Staat verändern, ohne ihn zu zerstören;
schon damals Reformismus gegen Revolution – die Französische, die Napoleonische) scheint es jedoch schwierig, wenn
nicht unmöglich zu sein, die kleinen Schritte Ungers zu bewerk-
stelligen. Unger betont eine eigentümliche Kraft, die linken oder
auch sozialistischen Gesellschaften innewohne. Das mag volun-
taristisch erscheinen, ist jedoch entscheidend: Die Idee einer
high energy democracy, einer Hochspannungsdemokratie. Bei
Lenin hieß das: »Kommunismus ist Sowjetmacht plus Elektrifizierung des ganzen Landes«, doch wie schon Oscar Wilde sagte:
»Der Sozialismus ist eine feine Sache, aber man verliert zu viele
Abende dabei.« Die Sowjets, das heißt die Räte an der Basis, geben deshalb ihre Aufgaben an die Parteibürokratie ab, die zur
staatlichen Bürokratie wird, welche bereit ist, sich in eine »neue
Klasse« zu transformieren (Djilas[74]).

Sartre hat diesen Prozess des Rückfalls ins »Praktisch-Trä-
ge« in seiner *Kritik der dialektischen Vernunft* beschrieben. Es
ist ihm jedoch nicht gelungen, ein echtes Mittel dagegen aufzu-
zeigen. Weder die demokratischen Industrienationen des reichen Westens noch die Entwicklungsländer der Dritten Welt
scheinen in der Lage zu sein, hochenergetische Demokratien zu
werden.

Die industrialisierte Welt – hier folge ich abermals Unger – fördert in ihren Bürgern eine kleinbürgerliche Mentalität, die vor allem nach Sicherheit verlangt, das heißt Sozialismus als Wohlfahrtsprogramm zur sozialen Ruhestiftung. Die Dritte Welt strebt nach dem gleichen Ideal. Das politische Interesse nimmt ab – in der industrialisierten Welt und den USA mehr als in der Dritten Welt, wo die *high energy* nur unter bestimmten Bedingungen aufrechterhalten werden kann, die Unger weder analysiert noch beschreibt.

Das Beispiel Lateinamerika

Schließt man Indien und China aus, wo das westliche Entwicklungsmodell angewandt wird (den Eindruck muss man haben), so sind hochenergetische Demokratien nur in Venezuela unter Chávez und in Kuba unter Castro erkennbar. Beide Beispiele sind nach westlichen Maßstäben sehr unglücklich, was auch Unger nicht in Abrede stellt. In vielerlei Hinsicht, zumindest aber unter verfassungsrechtlichen Gesichtspunkten, tragen sie Züge eines authentischen »sowjetischen«, wenn auch noch nicht stalinistischen Regimes.

Chávez umgeht das Problem – wie kann man den Staatsapparat reparieren, ohne ihn zu zerstören? –, indem er der vorhandenen Bürokratie mehr oder weniger leise etwas an die Seite stellt, was er »Missionen« nennt – Freiwillige (mit Sachmitteln der Regierung unterstützt, nicht mehr), die in Problemzonen arbeiten, Schulen für Erwachsene und Analphabeten, medizinische Grundversorgung und verschiedene andere Formen der Sozialarbeit. Der alte Staat gibt auf diese Weise viele seiner Aufgaben ab, während Bürger in ausreichender Zahl mit großem politischem, vor allem aber ethischem Engagement Entwicklungshilfe leisten. Bisher funktioniert das, trotz Sartres Pessimismus.

Diese engagierten Bürger wurden offensichtlich nicht nach demokratischen Maßstäben gewählt. Es sind Mitglieder lokaler Gruppen, die vielleicht nicht einmal einer Partei angehören,

aber Chávez unterstützen. Etwas Ähnliches passiert in Kuba,
wo jedoch das Einparteiensystem existiert (auch wenn Evo Morales[75] in einem Zeitungsgespräch behauptet, Fidel Castro habe
empfohlen, in Bolivien weiterhin demokratische Verfahren anzuwenden, Wahlen usw., was bisher auch unter Chávez in Venezuela befolgt wird).

Die Kandidaten für die Wahlämter werden in Basisversamm-
lungen gewählt – also nicht in geheimer Abstimmung, sodass
die Versammlungsteilnehmer eventuell unter Druck stehen
und Repressalien ausgesetzt sind. Mein nicht gerade oberfläch-
licher Eindruck ist jedoch, dass die Wahl der Kandidaten in
diesen Versammlungen weitgehend vom Engagement abhängt,
dass einer gezeigt hat, und nicht von differenzierten politischen
Kriterien.

Das entspricht im Übrigen den Erfahrungen, die viele von
uns gemacht haben. Wenn man sich in informellen Gruppen
betätigt, wo alle mehr oder weniger an einem gemeinsamen
Projekt arbeiten, spielen tiefschürfende weltanschauliche Konflikte keine große Rolle. Ich sage »gemeinsame Projekte«, und
das schließt radikale Meinungsverschiedenheiten aus, die durch
»formale« demokratische Verfahren, wie wir sie anwenden (oder
anzuwenden behaupten), gerade geschützt werden sollen.

Aber sowohl in Kuba als auch in Venezuela ist das Fehlen
solcher Verfahren, das einen Konsens hinsichtlich des gemeinsamen Projektes voraussetzt, durch den Ausnahmezustand, in
dem sich beide Länder befinden, wenn auch in unterschiedlicher
Weise, weitgehend gerechtfertigt. Was ist die »Krise«, von der
Unger spricht? Kuba wird von den Vereinigten Staaten belagert
(die schon angedroht haben, die Insel nach Castros Tod zu über-
fallen), und Venezuela befindet sich in einem kalten Krieg mit
den USA. In solchen Situationen ist es weniger skandalös, wenn
ideologische Differenzen im Namen einer nationalen Solidarität
hintangestellt werden. Italien zum Beispiel hat so etwas zuzeiten
der Roten Brigaden ebenfalls erlebt.

Darüber hinaus finden zumindest in Venezuela entsprechend
den zeitlichen Vorgaben und Regeln der Verfassung Wahlen
statt. Die »Missionen« dagegen sind zweifellos parteiisch, aber

nicht, um jemanden auszuschließen, sondern weil die gegen Chávez agierende Bourgeoisie sich hütet, daran teilzunehmen. Sie hat ihre eigenen Befürworter und Zeitungen, die eindeutig in der Übermacht sind.

Wer über den idealen Kommunismus nachdenkt, sollte auch diese lateinamerikanischen Erfahrungen im Auge behalten. Aus dem Blickwinkel der Konservativen und vieler gemäßigter, aber auch reformistischer Europäer betrachtet, scheinen sie irrig zu sein. Man sollte die Verfassungsgarantien unserer Demokratien verteidigen, aber man darf auch nicht übersehen, dass ebendiese Werte durch das gegenwärtig herrschende kapitalistische und neoimperialistische Regime heftig bedroht werden.

Wenn europäische Reformisten die Gespenster der »Diktatur« und des »Populismus« (Kuba, Venezuela, Bolivien) hochhalten, so verwerfen sie die lateinamerikanischen Erfahrungen allzu leichtfertig. Wer sie hingegen ernst nimmt, muss seinen Glauben an die westlichen »demokratischen« Institutionen gründlich überdenken. Nicht nur, weil diese letzten Endes durch den kapitalistischen Krieg bedroht sind, der für Bush der einzig mögliche Weg ist, sondern weil dieser Kapitalismus schon in Zeiten seiner »normalen« Funktionen seine Glaubwürdigkeit unwiderruflich verloren hat.

Wie normal ist eine Demokratie wie die italienische, wo jeder, der bei einer Wahl antreten will, über viel Geld verfügen muss, dazu die Unterstützung durch eine Parteibürokratie braucht, die keine Veränderungen wünscht, durch die sie bedroht wäre?

Das System der Modelldemokratie, das US-amerikanische, bezeugt auf drastische Weise, dass die demokratischen Ideale zugunsten einer ganz gewöhnlichen Plutokratie verraten worden sind. Das kommt hinzu, wenn wir die Absicht der Amerikaner verabscheuen, diese ihre Demokratie in Länder der Dritten Welt zu exportieren – in den Irak, mit Bombardierungen und anderen Gewaltmaßnahmen.

Fassen wir zusammen: Die Demokratie im Westen wird immer brüchiger, auch insoweit sie verfassungsgemäß arbeitet. Es ist fast unmöglich, die Wahlergebnisse von den Einflussnahmen abzulösen, die das Privatfernsehen auf die Bürger ausübt. Das

Interesse an Politik sinkt weltweit, wenn auch nur aus physiolo-
gischen Gründen. Die Machtverteilung hört auf, und die Bildung
kryptoautoritärer Regime wird intensiviert.

Es ist schwierig zu beurteilen, ob die gegenwärtige kriegerische
Eskalation der Beziehungen zwischen dem »demokratischen«
Westen und der Dritten Welt, vor allem der islamischen, nur das
zufällige Ergebnis eines Angriffs ist, der von dort ausging und
gegen den man sich verteidigen muss. Es ist sehr wahrscheinlich, dass der »unendliche Krieg« soeben anfängt oder bereits
angefangen hat, und das gibt Aufschluss über die verfügbaren
zukünftigen Perspektiven. Man denke an das jüngste Pentagon-
Papier, das den über kurz oder lang bevorstehenden Krieg wegen
der Verfügung über elementare Ressourcen wie Erdöl, aber auch
Trinkwasser und saubere Luft zum Gegenstand hat.

Idealer und deshalb
anarchistischer Kommunismus

Kommunismus folglich vor allem als Ausweg.

Ausweg aus dem kapitalistischen System, das nicht Reichtum
und Emanzipation schafft und stattdessen die Marx'sche Prognose von der fortschreitenden Proletarisierung der mittleren
Klassen bestätigt. Ein System, das ewig zu dauern droht, da die
neuen Medien der Kommunikation und Kontrolle die weltweite
elektronische Überwachung erlauben (und sei es wegen der angeblichen terroristischen Gefahr).

Es ist sogar möglich, dass die neue Armut, die das weltweite
Proletariat zum Aufstand zwingt, dazu führt, dass sie zum Ob-
jekt und nicht zum Subjekt des Riesenrundbildes wird, das die
Informatik ermöglicht.

Doch im Moment leben wir möglicherweise noch unter den
Bedingungen der ersten Phase der digitalen Revolution. Die Gesellschaft, die der globalen Kontrolle unterliegt, ist erst im Aufbau, und der Aufstand der Massen, egal was die Gründe sein mögen, wird nicht mehr durch den physischen Hunger erzeugt und

richtet sich noch nicht gegen die Unterwerfung unter die soziale Disziplin, auch wenn diese allgegenwärtig geworden ist.

Der Missbrauch der Kommunikationsmittel erregt bisher relativ wenig Aufmerksamkeit in der breiten Masse. Der Widerstand richtet sich höchstens gegen die Verfügung über den Unterhaltungsbereich, wenn zum Beispiel der Fußball am Sonntag in die Hände eines Privatsenders fällt und man sich bestohlen fühlt. Weniger hingegen regt man sich auf, wenn die Polizei nach einem Raubüberfall oder einem anderen Verbrechen die Bilder der versteckten Videokamera, die die Straße überwacht, verwendet oder wenn illegal abgehörte Telefongespräche von einflussreichen Privatpersonen der Polizei überlassen werden, oder umgekehrt, wenn korrupte Polizeibeamte solche Abhörergebnisse, die nicht selten illegal sind, an Private abtreten.

Wir wissen nicht, ob diese »technologische« Notwendigkeit des Kommunismus jemals Realität wird oder nicht. Was wir genau wissen, ist, dass wir den Kapitalismus nicht mehr haben wollen und welches die originären Elemente des Kommunismus sind, die wir bewahren wollen – Sowjets und Elektrizität.

Wird es jemals gelingen, diesen Kommunismus – so wie viele wohlmeinende Denker wie Unger und reformistische Theoretiker ihn sich vorstellen – mit demokratischen Methoden aufzubauen?

Die Idee einer weltweiten Arbeiterklasse, die fähig wäre, dem System im richtigen Augenblick einen Stoß zu versetzen, war populär bei den Linksintellektuellen – ich denke speziell an Marcuse, der meinte, das neue revolutionäre Proletariat sei in der Dritten Welt zu Hause. Es war eine Form der Stellvertretung, oftmals in gutem Glauben. Ich fürchte, auch in meinen Reflexionen über das heutige Südamerika, die ich erwähnt habe, wird man eine derartige »Stellvertretung« vermuten. (Aber äußerten nicht auch die italienischen Kommunisten der fünfziger Jahre ihre Hoffnungen in dem Ausruf: »Warte nur, bis Stalin kommt!«[76]?)

Nietzsche, der keine der Marx'schen Überzeugungen teilte, dachte, wie erwähnt, an eine Invasion der »Barbaren«, die Europa aus seinem dekadenten Tiefschlaf und seinem nur noch reaktiven Nihilismus wach rütteln würden.

Ich erinnere nicht zufällig an Nietzsche, und Heidegger wäre ihm an die Seite zu stellen. Der Kommunismus, an den wir denken, ist tatsächlich eine Form der Gesellschaft ohne das, was Heidegger »Metaphysik« nannte. Das heißt, sie beansprucht für sich, die menschlichen Handlungen und die sozialen Beziehungen auf eine »objektive« Kenntnis des »Realen« zu gründen. Doch die Wirklichkeit ist – wie man an den ethischen und sozialen Ergebnissen aller philosophischen Realismen sieht – nur die bestehende Ordnung, die die Sieger (die Benjamin in seinen »Thesen« so bezeichnet) für vernünftig halten und die sie zu bewahren versuchen.

Keiner, der nicht nur zu seiner eigenen Bequemlichkeit auf der Welt ist, glaubt ernstlich, dass man uns gibt, was objektiv real ist und es wert ist, bewahrt zu werden (an Wissen und an praktischer Erfahrung).

Was die Elektrifizierung betrifft, so muss man natürlich wissen, wie eine Sicherung funktioniert. Aber nur der Sowjet entscheidet darüber, was man mit der Elektrizität macht. Der Sowjet ist der Souverän, und der respektiert die »Natur« nur in dem Maße, wie sie dazu dient, eine Gesellschaft aufzubauen, die frei von Herrschaft ist.

Kommunismus und Interpretation

Aber müssen wir dann annehmen, dass auch die »Menschenrechte« und das »Naturrecht« nicht absolut sind, wie wir das in gewissen Augenblicken der Revolution gedacht haben? Warum sollten die menschliche Natur und ähnliche metaphysische Wesenheiten größere Gewissheit und Aufmerksamkeit beanspruchen als die politische Ökonomie, die einem in der Marktgesellschaft beigebracht wird?

Auch die »Wissenschaft vom Arbeiter«, von der Toni Negri spricht, interessiert uns nur, weil ihr Gegenstand der Arbeiter ist, nicht weil sie wissenschaftlicher ist als die bürgerliche Wissenschaft. Offensichtlich hat das kommunistische Denken, das auf Marx selbst basiert und dann zum Beispiel von Lukács fort-geführt wurde, nie die Tiefe der Wissenschaftskritik und seiner eigenen objektiven Ansprüche erreicht. Ein fataler Fehler, wenn auch nicht der einzige Grund für das Scheitern der Freiheits-hoffnungen des Kommunismus.

Wenn die Arbeiterklasse legitimiert ist, die Revolution zu machen, weil sie nichts zu verlieren hat und deswegen einen authentischeren Zugang zum *Gattungswesen* und zur geschicht-lichen Wahrheit besitzt, dann hätten ihre Avantgarden (das transzendentale Proletariat, nicht das »empirische« Proletariat, also die Parteibürokratien) das Recht und mehr noch die Pflicht, die Wahrheit, die ihr Privileg und ihre Exklusivität ist, allen Menschen aufzudrängen.

Die These lässt sich ganz brutal so zusammenfassen: Es gibt keinen freiheitlichen Sowjetkommunismus ohne Nihilismus und Ablehnung der Metaphysik. Wenn wir diese summarischen Schlüsse, die sich von Nietzsche und Heidegger herleiten las-sen, so zusammenfassen, wie wir es meiner Ansicht nach tun sollten, lautet das Motto: »Es gibt keine Fakten, nur Interpre-tationen, und auch das ist eine Interpretation«, und dann grün-den wir den freiheitlichen Kommunismus auf eine hermeneu-tische Konzeption der Gesellschaft. Für ihn ist der Konflikt der Interpretationen, eine normale Funktionsweise, die im Kampf zwischen unterschiedlichen Interpretationen, die sich als solche präsentieren, bestehen muss.

Ist dann aber der Kommunismus, und sei er nur die Summe aus Elektrifizierung und Sowjetmacht, auch »nur« eine Inter-pretation? Worin erweist sich seine »Wahrheit« im Vergleich zu anderen gesellschaftlichen Projekten und interpersonalen Beziehungen?

Es ist wahr, dass man historisch argumentieren kann, indem man Erfahrungen aufruft, die von allen geteilt werden oder geteilt werden könnten (»Hast du dieses oder jenes Buch ge-lesen?«, »nach der Wende« usw.), doch nie mit apodiktischen Argumenten (und wann hätte eine apodiktische Argumentation irgendjemanden überzeugt, wenn es um letzte Werte und Ideale geht?).

Der Kommunist und Revolutionär ist wie sein bürgerlicher Gegner stets nur Partei in eigener Sache, nie Repräsentant der Menschheit.

Wie das? Und was ist mit den drei Wörtern der Französischen Revolution und der Proklamation der universalen Menschenrechte? Wir können sie emphatisieren, wenn wir sie als solche unseren Gegnern entgegenschleudern, die ihre Herrschaft unter metaphysischen Vorwänden (dem Gottesgnadentum zum Beispiel) dennoch fortsetzen wollen. Sobald die Menschenrechte jedoch als universale und »objektive« Rechte geltend gemacht werden, die alle zu respektieren haben, auch wenn sie sie nicht anerkennen, verwandeln sie sich in Instrumente der Unterdrückung: Die Kirche erlässt die absurdesten Vorschriften im Namen des Naturrechts (Verbot des Präservativs in Zeiten von Aids); Bush bombardiert den Irak im Namen eines natürlichen Rechts auf Demokratie …

Auch das Ideal des Kommunismus ist eine Interpretation, der zwar viele gute Gründe zur Seite stehen, mit denen man eine Menge Gegner überzeugen kann, doch es bleiben Vernunftgründe einer Person gegen eine andere oder im Unterschied zu einer anderen. Sie zielen nicht darauf ab, eine konfliktfreie Gesellschaft zu installieren. Zuweilen entdeckt man, wie es auch auf manchen Buchseiten Nietzsches geschieht, dass die Ursache eines Konflikts nicht der Widerstreit Wahrheit gegen Irrtum ist, sondern eine Interpretation gegen die andere (ein Interesse gegen ein anderes).

Nicht, dass man durch Präzisierung der Metaphysik und der Gewalt, die durch diese stets vorbereitet wird, die Chancen des Kommunismus verbessert, »demokratische« Mehrheitsmeinung zu werden, die in der Lage wäre, sich in »freien« Wahlen, wie wir sie in der westlichen Welt gewohnt sind, durchzusetzen.

Die Gewalt und ihre ewige Funktion als Hebamme der Geschichte ist ein Problem, das nie völlig gelöst werden wird. Auch wenn wir, ausgehend von einem kommunistischen Ideal, eine wünschenswerte und gerechte Gesellschaft entwerfen können (und das mit mehr Details und größerer Genauigkeit, als das hier möglich ist), bleibt immer noch das Problem, wie wir sie erreichen.

Die kleinen Schritte, von denen die Reformisten häufig reden, und die »sozialistischen Elemente«, die in hundert Jahren gewerkschaftlicher Kämpfe und im Rahmen der formalen Demokratie durchgesetzt werden konnten, sind besser als nichts, aber sie überschreiten nie die Schwelle der Kompatibilität mit dem System. Sogar die gewerkschaftliche Matrix der linken Kräfte dient nur den kleinen und mittelgroßen Schritten (man denke nur an das »Statuto dei Lavoratori«[77]). Der Gewerkschafter vergisst niemals, dass er an einem bestimmten Zeitpunkt »einen neuen Vertrag nach Hause mitbringen« muss, dessen Klauseln nichts wert sind, wenn das komplexe Gebilde Wirtschaft von einer Revolution erschüttert wird.

Die Gewerkschaft muss den Erwartungen ihrer Mitglieder Rechnung tragen. Auch sie hoffen mehr oder weniger bewusst und intensiv nur auf eine Verbesserung ihrer Lebensbedingungen. Sie suchen Sicherheit, Lohnerhöhungen, und das heißt Werte, die selbst Unger »kleinbürgerlich« nennt.

Marx dachte nicht umsonst, dass die Revolution erst käme, wenn die kapitalistische Ausbeutung unerträgliche Bedingungen erzeugt hätte. Solche Bedingungen sind zum Glück (noch) nicht gegeben in den fortgeschrittenen Industriegesellschaften. Sie scheinen auch nicht wirklich bevorzustehen. Tatsächlich zeigen viele soziologische Analysen, dass die Massen angesichts der neuen Arbeitsverhältnisse (keine fordistische Fabrik mehr und deshalb auch keine Klasse und kein Klassenbewusstsein) fatalerweise dazu neigen, selbst umfangreiche Einschränkungen individueller Freiheitsrechte hinzunehmen, nur um die vielen materiellen Vorteile genießen zu können, die der Kapitalismus, wenigstens in einigen Teilen der Welt, ihnen garantiert.

Wenn wir dies bedenken, kehrt der Traum von den »Barbaren« zurück, die irgendwann von draußen kommen und uns zwingen, unseren Lebensstil und unsere Konsumgewohnheiten radikal zu ändern. Aber es ist unwahrscheinlich, dass die Barbaren bis zu uns kommen (und auch in dieser Hinsicht weiß man nicht, ob man erleichtert sein soll oder besorgt). Eher als durch einen Stoß von außen bricht das Hochsicherheitsuniversum, in das wir uns eingeschlossen haben, von innen heraus zusammen, weil die Bewohner die Unerträglichkeit des Lebens in einer Festung nicht mehr ertragen.

Die Chancen des Kommunismus

Keine gewaltsame Revolution, sie wäre zum Scheitern verurteilt – egal ob sie von den proletarisierten Massen im Innern des Systems ausgeht oder von außen kommt: fanatische Islamisten, bewaffnete Chinesen, die entschlossen sind, uns die Energiequellen wegzunehmen.

Keine demokratische Transformation des Systems: Auch auf dieser Ebene ist die Verteidigung inzwischen so stark wie auf der militärischen und polizeilichen Ebene, die das System gegen gewaltsame Veränderungen schützen soll.

Der Kommunismus hat keine große Chance, sich in absehbarer Zeit durchzusetzen. Hat es also Sinn, das »Gespenst« oder seine originären und konstituierenden Elemente zu beschwören, oder wäre das nur ein intellektuelles Spiel, um das Gewissen zu beruhigen?

Nicht aus Liebe zum »Happy End« (Filme mit einem tragischen Ende waren nie sonderlich beliebt): Dieses Buch sollte in realistischer Weise darauf aufmerksam machen, dass der Kapitalismus und die formalen Demokratien, die ihm auf institutioneller Ebene Substanz verleihen, gescheitert sind und dass die einzige mögliche Alternative darin besteht, zum »authentischen« Kommunismus zurückzukehren, der aus maßvoller technologischer Entwicklung, gesteuert von sowjetischen Idealen besteht. Unger schlägt vor, von einer »hochenergetischen Demokratie« zu sprechen.

In naher Zukunft ist dieses Ideal unter den bestehenden Bedingungen nicht realisierbar. Es bleibt jedoch, unserer Ansicht nach, das einzige, das die Mühe (die wirkliche Mühe) des Einsatzes lohnt. Es muss lebendig und sichtbar bleiben. Politisch (um auf Italien zurückzukommen) bedeutet das vor allem, dass die Linke nicht in Formationen verschwinden darf, die in Wahlen Mehrheiten erringen und zu diesem Zweck die Pax Americana und die westlich-atlantische Kompatibilität, die zu den herrschenden Ordnungsparolen jedes Reformismus gehört, vollständig akzeptieren.

Was wir wiedergefundenen Kommunisten nicht ersehnen, ist der Reformismus. Auch wenn das im Augenblick alles ist, was wir erhoffen können, wenn nicht der »endlose Krieg« der Amerikaner eine akute Krise auslöst, die wir uns nicht wünschen wollen. Die Unterschiede zwischen den (wenigen verbliebenen) Linken und den Reformisten müssen deutlich erkennbar bleiben.

Die kleinen Schritte, die eine Regierung der linken Mitte in Italien gehen kann – womit wir zugeben, dass sie besser wäre als Berlusconi –, sind nur möglich, wenn ein empfindlicher Druck von einer Linken ausgeübt wird, die nicht von der Regierungstätigkeit kompromittiert wird und stark genug ist, sich Gehör zu verschaffen. Eine solche Linke kann stimulieren und kreativ bleiben, wenn sie die Ideen des Kommunismus kultiviert und weiterentwickelt, so wie wir meinen, dass er wiedergefunden werden sollte – als Traum von einer befriedeten und von Gesetzen geregelten Welt und nicht als Inkubus, wie ihn die Welt erlebt, die derzeit von den USA dominiert wird.

Diese Linke wird sich nur dann Gehör verschaffen, wenn sie ihr Wählergewicht nicht völlig verliert. Das aber ist in Gefahr, verloren zu gehen, wenn die kommunistischen Ideale in den Dienst einer kompromisslerischen und zutiefst atlantischen Regierungsmehrheit gestellt werden.

An diesem Punkt kommt der Internationalismus ins Spiel, der stets eine Tradition der kommunistischen Bewegung war.

Eine italienische Linke, die sich ihrer Wurzeln erinnert und nicht aus Resignation die Pax Americana akzeptiert, sollte sich durch ihre Nähe zu den antikapitalistischen Regierungen auszeichnen, die heute vor allem in Südamerika zu finden sind. Auch in diesem Punkt unterscheiden wir uns deutlich von den Reformisten, die von Castro und Chávez, jetzt auch von Evo Morales, als autoritären Populisten reden, die zur demokratischen Ordnung gerufen werden müssen.

Für die Zukunft der Linken ist eine reformistische Regierungsmehrheit besser, und das sollte in Wahlzeiten aus taktischen Gründen berücksichtigt werden. Aber auch eine rechte Mehrheit, die ebenfalls von atlantischer Kompatibilität abhängig ist, wäre kein Drama, und unter gewissen Bedingungen könnte sie sogar ein klärendes Element bilden.

Was wir (aber sind wir wenigstens zu zweit?) hier zu entwerfen versuchen, ist in erster Linie ein Programm für die politische Arbeit und nicht nur ein Studienprogramm oder eine geistige Reise durch die Bibliotheken und Seminare. Meine Thesen werden notwendigerweise noch abstrakt erscheinen und sollten von praktisch-politischer Arbeit begleitet werden, auch wenn sie bei Wahlen minoritär bleiben müssen.

Im Übrigen braucht die Linke vielleicht nicht so sehr eine Theorie. Sie muss die Signale der Zeit hören, und sie muss diese in kollektiver Anstrengung dechiffrieren, so marginal die Zeichen auch sein mögen.

Anmerkungen

1 Die folgende Passage wurde in der Übersetzung weggelassen, da sie sich auf den anderslautenden Titel der italienischen Originalausgabe *(Ecce comu)* bezieht: »Der Titel – etwas hermetisch, zugegeben – greift den Titel der Autobiografie Nietzsches auf und parodiert ihn. Er lautete: *Ecce homo. Wie man wird, was man ist.*«

2 Pietro Prini, geboren 1915. *Lo scisma sommerso* (»Das verheimlichte Schisma«, nicht ins Deutsche übersetzt), 1998 in Italien in einem Kleinverlag erschienen, hatte, auch dank Vattimo, ein enormes Echo und erschien daraufhin im Verlag Garzanti, Mailand.

3 Der Text wurde, siehe unten, geschrieben, als Berlusconi noch an der Macht war.

4 Bossi, Führer einer chauvinistischen piemontesischen Bewegung. Die Poebene – »la valle padana« – gibt ihr den Namen: »I padani«.

5 Gemeint ist Max Weber, der Soziologe.

6 Linksdemokraten

7 Ministerpräsident einer breiten Koalition der linken Mitte (»Olivenbaum«), die im Januar 2008 an ihren inneren Widersprüchen und dem Ehrgeiz einzelner Parteiführer zerbrach

8 François Bayrou, geboren 1951, rechtsbürgerlicher Demagoge, Führer des »Mouvement Démocrate«, kandidierte zuletzt chancenlos gegen Sarkozy und Royal für das Amt des Staatspräsidenten.

9 Jetzt Demokratische Partei, voraussichtlich nächster Bürgermeister von Rom

10 Geboren 1933. Zunächst Radikale Partei, dann grün. Erster grüner Bürgermeister von Rom. 2006 Kultusminister in der Regierung Prodi. 2007 einer der Initiatoren des jetzt wieder geplatzten umfassenden linken Parteibündnisses.

11 2004

12 Reiner Schürmann, geboren 1941 in Amsterdam, gestorben 1993, schrieb zumeist französisch. Schüler von Hannah Arendt. Zuletzt Professor an der New School for Social Research, New York. *Broken Hegemonies* erschien 1996.

13 Silvio Berlusconi, Chef der Wählerinitiative »Forza Italia« (»Vorwärts, Italien«), von 1994 bis 1995 und von 2001 bis 2006 Ministerpräsident Italiens. Medienmogul, einer der reichsten Unternehmer Italiens und Mitglied einer verbotenen Freimaurerloge mit Kontakten zur Mafia, stand mehrmals vor

Gericht wegen Bilanzfälschung und Korruption, woraufhin die entsprechenden Gesetze zugunsten von Berlusconi während seiner Amtszeit modifiziert wurden und Bilanzfälschung zu einem Kavaliersdelikt heruntergestuft
wurde.

14 Giuseppe Bedeschi: *La fabbrica delle ideologie. Il pensiero politico nell'Italia
del Novecento*. Laterza, Rom 2002 (»Die Fabrik der Ideologien. Das politische
Denken im Italien des 20. Jahrhunderts«, nicht ins Deutsche übersetzt).
Bedeschi, Jahrgang 1939, war Professor in Rom. Er hat über Hegel, Marx,
Lukács und die Frankfurter Schule gearbeitet. Herausgeber einer Reihe über
politische Denker im angesehenen Verlag Laterza.

15 Guido Viale, geboren 1943, italienischer Schriftsteller, beschäftigt sich im
Rahmen einer Forschungsgesellschaft mit aktuellen politischen Themen,
u. a. Abfallentsorgung, Umwelt und der 68er-Bewegung.

16 Anspielung auf Gabriele D'Annunzio (1863–1938), einen italienischer Schriftsteller des Fin de Siècle und Wegbereiter des italienischen Faschismus

17 »Partito dei Communisti Italiani«, momentan im Bündnis »Regenbogen«

18 linke Tageszeitung

19 Spitzname Berlusconis

20 Am 24. Dezember 2003 wurde von der Regierung Berlusconi ein Dekret erlassen, das im Volksmund »Rettet Kanal 4« genannt wurde.

21 Ministerpräsident, Sozialist, starb im Exil. Mit ihm stürzte die überkommene italienische Parteienlandschaft.

22 »Il popolo del IVA« ist ein gern benutzter Begriff der politischen Rhetorik.
Umsatzsteuer zahlen nur selbstständige Unternehmer.

23 mit Hackman, Hoffman, Weisz (USA 2003)

24 an einem wertlosen Körper

25 Anspielung auf den Begriff »schwaches Denken«, mit dem Vattimo in den
achtziger Jahren Furore machte und der auch in Deutschland diskutiert
wurde. Vgl. z. B. die entsprechenden Ausführungen im Nachwort zu: Gianni
Vattimo: *Das Ende der Moderne*. Reclam, Stuttgart 1990.

26 Am 21. Oktober 1998 wurde Massimo D'Alema (DS, vorher Kommunistische
Partei) als Regierungschef vereidigt. Er war damit der erste Postkommunist,
der in Westeuropa Regierungschef wurde. Die Regierung D'Alema endete
mit dessen Sturz im April 2000.

27 Ursprünglich KPI (Kommunistische Partei Italiens). Später »Rifondazione Comunista« (Partei zur Neugründung der kommunistischen Partei)

28 Pier Aldo Rovatti und Gianni Vattimo: *Il pensiero debole*. Feltrinelli, Mailand 1983 (»Schwaches Denken«, nicht ins Deutsche übersetzt).

29 Bettino Craxi (1934–2000), Spitzname »das große Wildschwein«, sozialistische Partei, war von 1983 bis 1987 italienischer Ministerpräsident. Sein Sturz läutete den Zusammenbruch des italienischen Parteiengefüges ein. Ein beliebter Schlager bezeichnete ihn als »capobanda« – »Bandenführer«.

30 Er verlor sie, blieb der Regierungskoalition der linken Mitte jedoch so auf den Fersen, dass sie nicht einmal ein Jahr an der »Macht« blieb.

31 Vattimo ist als Nietzsche-Forscher bekannt geworden.

32 Auch diese Prognose Vattimos hat sich inzwischen erfüllt.

33 Eine Bürgerrechtsbewegung, die weiterhin aktiv ist und Forderungen vertritt, für die auch Vattimo steht. »Girotondo«, deutsch: »der Reigen«.

34 Im Original »apoftegma«, was an die berühmten »apophthègmata patres« erinnert, die »Weisheiten der Väter«

35 Thomas Samuel Kuhn (1922–1996), amerikanischer Physiker und Wissenschaftstheoretiker. Hauptwerk: *Die Struktur wissenschaftlicher Revolutionen*. Suhrkamp, Frankfurt am Main 1967.

36 Lehre von den letzten Dingen

37 »Balena bianca«, Synonym für die 1993 untergegangene Christdemokratische Partei DC, die seit Kriegsende fast fortgesetzt den Regierungschef stellte. Der Spitzname kam auf, als Aldo Moro in den siebziger Jahren, bevor man ihn umbringen ließ, ein Bündnis mit den Kommunisten vorschlug, was damals außerordentlich war. Da der weiße Wal angeblich selten vorkommt, gab man der DC diesen Spitznamen. Das Synonym wurde popularisiert durch Tondi Federicos Buch *Chi ha ucciso la balena bianca?* – »Wer tötete den weißen Wal?« – in den neunziger Jahren.

38 »Kommunistische Neugründung«: eine der aus dem Sturz der Kommunistischen Partei hervorgegangenen Splitterparteien

39 Präsident des Abgeordnetenhauses 2006. Bertinotti, Gewerkschafter, populärer Globalisierungsgegner, gehörte der Kommunistischen Partei KPI, danach kurzzeitig der Sozialistischen Partei PSI an. Nach dem Ende der KPI wurde er Führer der Nachfolgepartei »Rifondazione Comunista« (PRC).

40 Prodis Wirtschafts- und Finanzminister, einer der auch international einflussreichsten italienischen Finanzpolitiker

41 »La Margherita«, umgangssprachlich für »Democrazia è Libertà« (DL), deutsch: »Demokratie ist Freiheit«. Orientierung: reformistische Mitte, christlich-, liberal- und auch ein bisschen sozialdemokratisch, mit einem Schuss Grün und einer Menge Europa. Ihr Chef war ein gewisser Francesco Rutelli. Die Margherita gehörte zu den Gründern des »Olivenbaums«. Der »Olivenbaum« bildet die Grundlage der Mitte-links-Koalition, die als »Unione« bezeichnet wird. Mit den »Democratici di Sinistra« – »Linksdemokraten« (eine Nachfolgeorganisation der Kommunistischen Partei) gründete die »Margherita« 2007 den »Partito Democratico« (PD) – »Demokratische Partei«. Auf internationaler Ebene gehört der PD zum »Partito Democratico Europeo« – »Europäische Demokratische Partei« – und zur »Alleanza dei Democratici Americani ed Europei« – »Allianz demokratischer Amerikaner und Europäer«.

42 Die Italiener lieben die Tiere. Die Kommunistische Partei wurde gern als »Giraffe« bezeichnet. Mehr noch die Blumen und Pflanzen, wie die Parteinamen »Margherita« und »Olivenbaum« zeigen.

43 Massimo D'Alema, Parteikarrierist. Zunächst KPI, dann Partei des demokratischen Sozialismus, dann Democratici di Sinistra, seit 2006 »Olivenbaum«. Bekleidete ständig höchste Partei- und Regierungsämter. Auch Vizepräsident der sozialistischen Internationale. Zuletzt Vize-Premier und Außenminister.

44 Jurist, Manager, Publizist, Politiker, Sportfunktionär usw.

45 Palazzo Chigi (Sitz des jeweiligen Ministerpräsidenten), Palazzo del Quirinale (Sitz des Staatspräsidenten), Palazzo Madama (Sitz des Senats) und Palazzo di Montecitorio (Abgeordnetenhaus) sind in Rom eng benachbart.

46 Bank der Arbeit

47 linksliberale Tageszeitung

48 katholische Laienbewegung, der eine Jugendorganisation angehört

49 1992, nicht ins Deutsche übersetzt. Italienischer Titel: *La fine della libertà* – »Das Ende der Freiheit«.

50 jemand, der illegal auf unbebautem Land siedelt; auch für Hausbesetzer

51 »L'intellettuale organico« – der organische Intellektuelle verstand sich in der italienischen Rhetorik als organischer Teil der Arbeiterklasse.

52 Giorgio Agamben, geboren 1942, italienischer Philosoph, Jurist und Autor. *Homo sacer. Die souveräne Macht und das nackte Leben.* Suhrkamp, Frankfurt am Main 2002.

53 »Aus dem Osten kommt das Wohl.«

54 »Autorität, nicht Wahrheit schafft das Gesetz.«

55 Imperialistischer Staat der Multinationalen

56 Karitative Organisation, unterstützt, hilft und macht Hausbesuche.

57 Im Original ein Wortspiel aus den Substantiven »errore« (Irrtum) und »orrore« (Schrecken)

58 In: Theodor W. Adorno: *Negative Dialektik.* Suhrkamp, Frankfurt am Main 1966.

59 Franziskaner, der älteste Bettelorden, auch Minoriten oder »graue Brüder« genannt

60 In: Jacob Burckhardt: Werke. Kritische Gesamtausgabe in 27 Bänden. C. H. Beck, München 2000.

61 Joachim von Fiore (1130–1202), Kalabrese, Hermeneutiker. Erst Notar und königlicher Beamter, dann Mönch, daraufhin Abt, dann Sozial- und Geschichtsphilosoph. Beeinflusste Dante, die Franziskaner, Lessing und Bloch. Manchen galt er als Häretiker, auch wenn er eines natürlichen Todes starb.

62 Heideggers erste Nachkriegsveröffentlichung, in der es um die Gräuel der Nazizeit geht. Eventuell erst 1947

63 René Girard, Jahrgang 1923, Religionsphilosoph, Kulturanthropologe. Zahllose Veröffentlichungen, z. B. »Ich sah den Satan vom Himmel fallen wie einen Blitz«. Hanser, München 2002

64 Benedetto Croce (1866–1952), italienischer Philosoph

65 Massimo Cacciari, geboren 1944, Philosoph, Hochschullehrer, Bürgermeister von Venedig. Zunächst linksradikal, dann KPI, jetzt »Olivenbaum«.

66 1936 gekürzt in einer französischen Übersetzung erschienen, 1963 erstmals ungekürzt in deutscher Sprache.

67 Arbeitermacht. Vom Staat verfolgte Gruppierung der italienischen außerparlamentarischen Opposition.

68 Öffentlich-rechtliche Radio- und Fernsehanstalten

69 In Frankreich per Gesetz eingeführter Solidaritätspakt zur Gleichstellung
der »Homo-Ehe« und anderer eheähnlicher Beziehungen

70 US-Air-Base in Norditalien (Dolomiten)

71 Devisenumsatzsteuer zur Beschränkung der täglichen weltweiten Devi-
sentransaktionen, zur Abschöpfung der realwirtschaftlich grundlosen Spe-
kulationsgewinne und zur Stabilisierung der internationalen Finanzmärkte

72 1947 in Rio de Janeiro geboren, Jurist, Politologe. Ging 1969 zum Studium
nach Harvard, konnte aber aus Angst vor Verfolgung durch die Militärdikta-
tur nach seinem Abschluss nicht nach Brasilien zurückkehren. Er wirkte bis
1997 in den USA. Seither wieder in Brasilien. Kein Marxist, wie mir scheint.

73 27 Briefe »Über die ästhetische Erziehung des Menschen«, seit 1794 verfasst,
in den *Horen* vorabgedruckt, 1801 erstmals in Buchform erschienen; Auseinandersetzung mit Kant und der Französischen Revolution.

74 Milovan Djilas (1911–1995), jugoslawischer Politiker, Philosoph, Jurist, Autor,
seit 1954 Gegner Titos. Djilas machte den Begriff der »neuen Klasse« (des
Parteiapparats) wieder populär.

75 Geboren 1959, Sozialist, seit Dezember 2005 mit großer Mehrheit gewählter
bolivianischer Staatspräsident

76 »Ha da veni Baffone«. »Baffone« ist der große Schnauzbart.

77 Das Gesetz Nr. 300 vom 20. Mai 1970 zum Schutz der Freiheit und der
Würde der Arbeiterschaft, der Freiheit der Gewerkschaften und der gewerkschaftlichen Betätigung – eine der grundlegenden arbeitsrechtlichen Kodifi-
zierungen

Nachweise

Literaturverzeichnis

Theodor W. Adorno: *Ästhetische Theorie.* In: *Gesammelte Schriften,* Bd. 7. Suhrkamp, Frankfurt am Main 1970.

Theodor W. Adorno: *Negative Dialektik.* Suhrkamp, Frankfurt am Main 1975.

Giuseppe Bedeschi: *La fabbrica delle ideologie. Il pensiero politico nell'Italia del Novecento.* Laterza, Rom 2002.
[»Die Fabrik der Ideologien. Das politische Denken im Italien des 20. Jahrhunderts«, nicht ins Deutsche übersetzt].

Giuseppe Bedeschi: *Le ideologie politiche in Italia, dalla costituente al centrismo.* CIDAS, Turin 2003.
[»Die politischen Ideologien in Italien, von der verfassunggebenden Versammlung zum Zentrismus«, nicht ins Deutsche übersetzt].

Benedikt XVI.: *Gott ist die Liebe. Die Enzyklika »Deus caritas est«.* Herder, Freiburg im Breisgau 2006.

Walter Benjamin: *Über den Begriff der Geschichte.* In: *Ausgewählte Schriften,* Bd. 1. Suhrkamp, Frankfurt am Main 1974.

Walter Benjamin: *Das Kunstwerk im Zeitalter seiner technischen Reproduzierbarkeit: Drei Studien zur Kunstsoziologie.* Suhrkamp, Frankfurt am Main 1963.

Ernst Bloch: *Das Prinzip Hoffnung.* 2. Bde. Aufbau, Berlin 1954–1955.

Jacob Burckhardt: *Werke. Kritische Gesamtausgabe in 27 Bänden.* C. H. Beck, München 2000.

Francis Fukuyama: *Das Ende der Geschichte. Wo stehen wir?* Aus dem Amerikanischen von Helmut Dierlamm. Kindler, München 1992.
[*The End of History and the Last Man.* Penguin, London 1992].

Michael Hardt und Anonio Negri: *Empire. Die neue Weltordnung.* Aus dem Englischen von Thomas Atzert und Andreas Wirthensohn. Campus, Frankfurt am Main 2002.
[*Empire.* Harvard University Press, Cambridge (Mass.) 2000].

Martin Heidegger: *Sein und Zeit.* Niemeyer, Halle 1927.

Martin Heidegger: *Über den Humanismus.* Klostermann, Frankfurt am Main 1949.

Thomas Samuel Kuhn: *Die Struktur wissenschaftlicher Revolutionen.* Aus dem Amerikanischen von Kurt Simon. Suhrkamp, Frankfurt am Main 1967.
[*The Structure of Scientific Revolutions.* University of Chicago Press, Chicago (IL) 1962]

Friedrich Nietzsche: *Also sprach Zarathustra. Ein Buch für Alle und Keinen.* Naumann, Leipzig 1891.

Friedrich Nietzsche: *Ecce homo. Wie man wird, was man ist.* Insel, Leipzig 1908.

Novalis: *Die Christenheit oder Europa. Ein Fragment.* In: *Novalis' Schriften.* Hrsg. von Friedrich Schlegel und Ludwig Tieck. Reimer, Berlin 1826.

Pietro Prini: *Lo scisma sommerso. Il messaggio cristiano, la società moderna e la Chiesa cattolica.* Garzanti, Mailand 2002.
[»Das verheimlichte Schisma. Christliche Botschaft, moderne Gesellschaft und katholische Kirche«, nicht ins Deutsche übersetzt].

Jean-Paul Sartre: *Theorie der gesellschaftlichen Praxis.* In: *Kritik der dialektischen Vernunft,* Bd. 1. Deutsch von Traugott König. Rowohlt, Reinbek bei Hamburg 1967.
[*Théorie des ensembles pratiques.* In: *Critique de la raison dialectique,* Bd. 1. Gallimard, Paris 1960].

Jean-Paul Sartre: *L'intelligibilité de l'histoire.* In: *Critique de la raison dialectique,* Bd. 2. Gallimard, Paris 1985.
[»Theorie der gesellschaftlichen Praxis. Die Intelligibilität der Geschichte«, nicht ins Deutsche übersetzt].

Friedrich Schiller: *Über die ästhetische Erziehung des Menschen, in einer Reihe von Briefen.* In: *Sämtliche Werke,* Bd. 4. Cotta, Stuttgart 1879.

Reiner Schürmann: *Des Hégémonies brisées.* Trans-Europ-Repress, Mauvezin 1996.
[*Broken Hegemonies.* Indiana University Press, Bloomington (IN) 2003].

Oswald Spengler: *Der Untergang des Abendlandes. Umrisse einer Morphologie der Weltgeschichte.* 2 Bde. C.H. Beck, München 1923.

Roberto Mangabeira Unger: *Wider den Sachzwang. Für eine linke Politik.* Aus dem amerikanischen Englisch von Matthias Wolf. Wagenbach, Berlin 2007.
[*What Should the Left Propose?* Verso, New York 2005].

Gianni Vattimo und Pier Aldo Rovatti: *Il pensiero debole.* Feltrinelli, Mailand 1983.
[»Schwaches Denken«, nicht ins Deutsche übersetzt].

Gore Vidal: *La fine della libertà. Verso un nuovo totalitarismo?* Fazi, Rom 2001.
[*The Decline and Fall of the American Empire.* Odonian Press, Berkeley (CA) 1992].

Ludwig Wittgenstein: *Tractatus logico-philosophicus. Logisch-philosophische Abhandlung.* In: *Annalen der Naturphilosophie,* Bd. 14. Unesma, Leipzig 1921.

»Die Geschichte wird mich freisprechen.«
Fidel Castro, 1953

Textauszug aus der Autobiografie

Um die Hintergründe der Kubakrise zu verstehen, muss man den Briefwechsel zwischen mir und Chruschtschow aus dieser Zeit kennen. Lassen Sie mich aus dem Schreiben zitieren, das ich ihm am 26. Oktober 1962, kurz vor Beilegung des Konflikts, geschickt hatte:

Lieber Compañero Chruschtschow,

nach Analyse der Situation und der Berichte, die uns zur Verfügung stehen, glaube ich, dass eine Aggression nahezu unmittelbar bevorsteht — innerhalb der nächsten 24 bis 72 Stunden ...
Sollten die Imperialisten in Kuba einmarschieren und es besetzen wollen, dann sind die Gefahren für die Menschheit durch diese Politik derart gewachsen, dass die Sowjetunion niemals zulassen darf, dass die Imperialisten einen nuklearen Erstschlag gegen sie führen können.

Ich sage dies, weil ich glaube, dass die Aggressivität der Imperialisten extrem gefährlich geworden ist, und wenn sie tatsächlich eine so brutale Tat begehen sollten wie eine Invasion Kubas, dann wäre dies der Moment, diese Gefahr in einem Akt gerechtfertigter Selbstverteidigung für immer auszulöschen. Wie schwer und schrecklich diese Lösung auch wäre, es gibt keine andere ...

Brüderlich, Fidel Castro